O nome deste livro foi inspirado no filme de comédia "Os deuses devem estar loucos", de 1980, no qual uma garrafa vazia de Coca-Cola é jogada de um avião em uma comunidade de bosquímanos africanos. A garrafa é um presente dos deuses, dado que caiu do céu, mas depois que leva a uma luta interna entre os aldeões, porque todos querem possuir a ferramenta sagrada, os líderes tribais decidem devolvê-la aos deuses, fazendo com que um dos anciãos da aldeia viaje ao fim do mundo para a jogar fora quando chegar lá.

Uso esta ideia como metáfora, através da qual posso vislumbrar o amanhecer de um novo império. Este livro serve como um testemunho de minhas opiniões sobre a restauração do atual império financeiro (capitalismo e empresas) antes que seja tarde demais.

ORAÇÃO PARA NOS TRAZER DE VOLTA À CASA DOS ROOSEVELTS

"E eles vieram a Jerusalém. E ele entrou no templo e começou a expulsar os que vendiam e os que compravam no templo, e ele derrubou as mesas dos cambistas e os assentos dos que vendiam pombos. E ele não permitiria que ninguém carregasse nada pelo templo. E ele os ensinava e lhes dizia, "Não está escrito: 'Minha casa será chamada casa de oração em todas as nações'? Mas vocês a transformaram em um covil de ladrões." E os chefes dos sacerdotes e os escribas ouviram isso e estavam procurando uma maneira de destruí-lo, pois o temiam, porque toda a multidão estava maravilhada com os seus ensinamentos." (Marcos 11:15-18, ESV)

www.Tiger-Rider.com

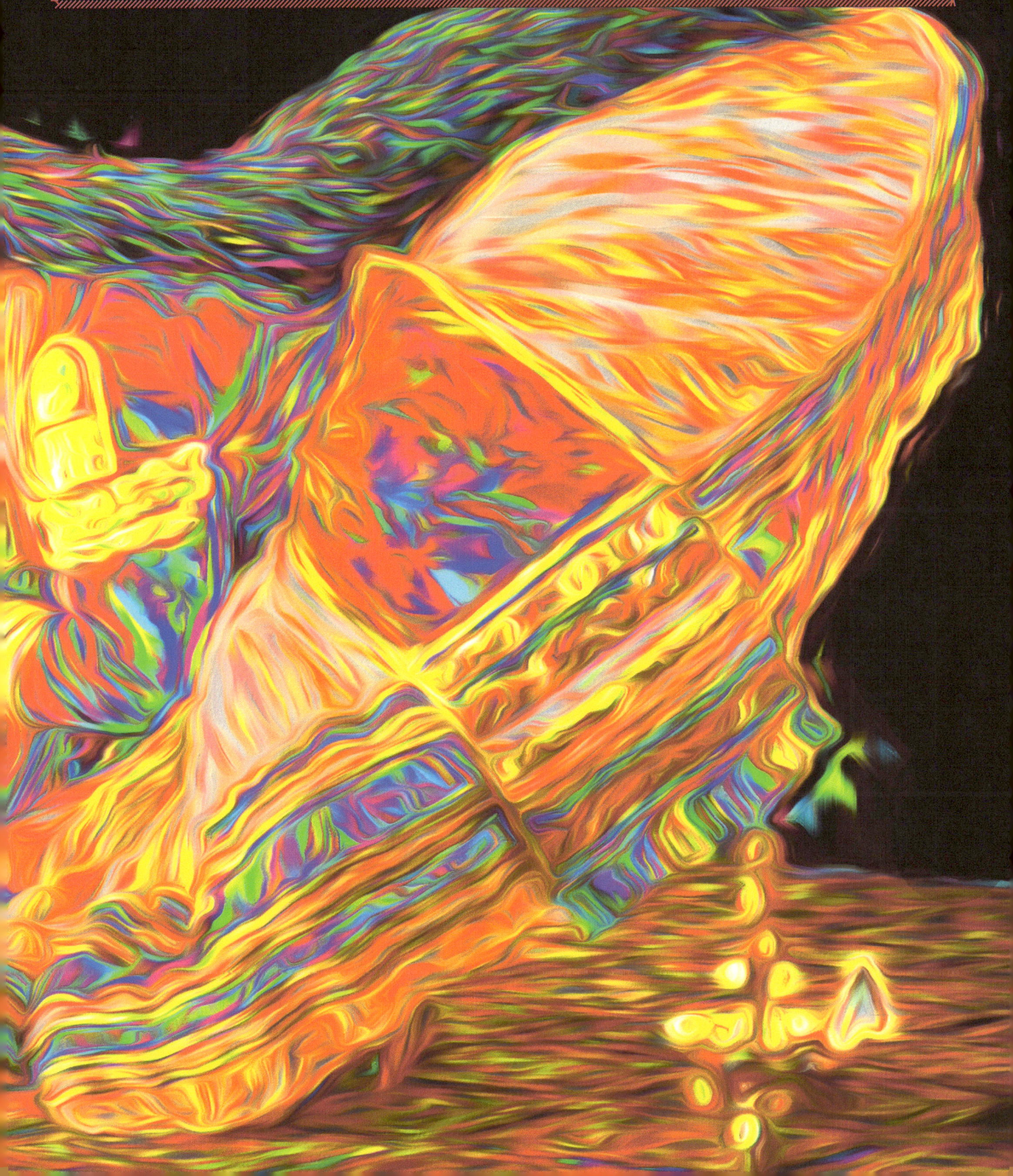

> *"A menos que haja segurança aqui em casa, não pode haver paz duradoura no mundo".*
>
> — Franklin Delano Roosevelt —

Enquanto escrevo isso, há uma anarquia irrompendo; uma guerra civil está acontecendo bem à frente da minha casa, no coração de Chicago. Citando uma ligação gravada do Conselho Municipal de Chicago, "é 'uma zona de guerra virtual' onde 'membros de gangues armados com fuzis AK-47 ameaçavam atirar em negros.' Eles estão atirando na polícia".

Enquanto isso, no gabinete do prefeito, a discussão da estratégia planejada pela prefeitura, com o objetivo de resolver o problema, evoluiu para uma gritaria carregada de palavrões que lembra a Chiraq[1] república das bananas[2]. Eu me pergunto o que o futuro nos reserva se um *boarding-up*[3] desses pode acontecer na minha casa centenária? Mesmo uma das torres de marfim mais requintadas e icônicas do mundo (a última sede da Britannica), protegida por uma milícia particular, parece não estar segura.

Assumi o compromisso de fazer o *One Shared World* (*Um Mundo Compartilhado*) ser um defensor e salvaguarda, não apenas do meu amado Estados Unidos, mas de toda a humanidade. Acredito ser minha responsabilidade moral educar os outros sobre uma infraestrutura preditiva, preventiva e responsiva que pode nos proteger de ameaças existenciais compartilhadas.

ÍNDICE

ANATOMIA DO LIVRO

A ASCENSÃO IMINENTE DO REINO DO MEIO

★★

A Aurora do Reino do Meio

Nosso império está em perigo e, com ele, a existência dos seus súditos empresariais. Se não jogarmos nossas cartas corretamente, o próximo império voraz (O Reino do Meio) logo enviará seus mensageiros para cobrar as contas dos Estados Unidos e de mais de uma centena de outros países que colonizou financeiramente desde o tsunami econômico de 2008.

Os Deuses Devem Estar Loucos

Na seção inicial do livro, relato minha viagem de tigre pelos campos distorcidos da realidade; do berço do comunismo, no Oriente, às catacumbas do capitalismo no Ocidente. Isso é retratado contra o pano de fundo do livro de Hernando de Soto, *O Mistério do Capital: Por que o Capitalismo triunfa no Ocidente e falha em todos os outros lugares*.

★★

The Gods Must be Crazy!

The Rise & Fall Measures of Empires

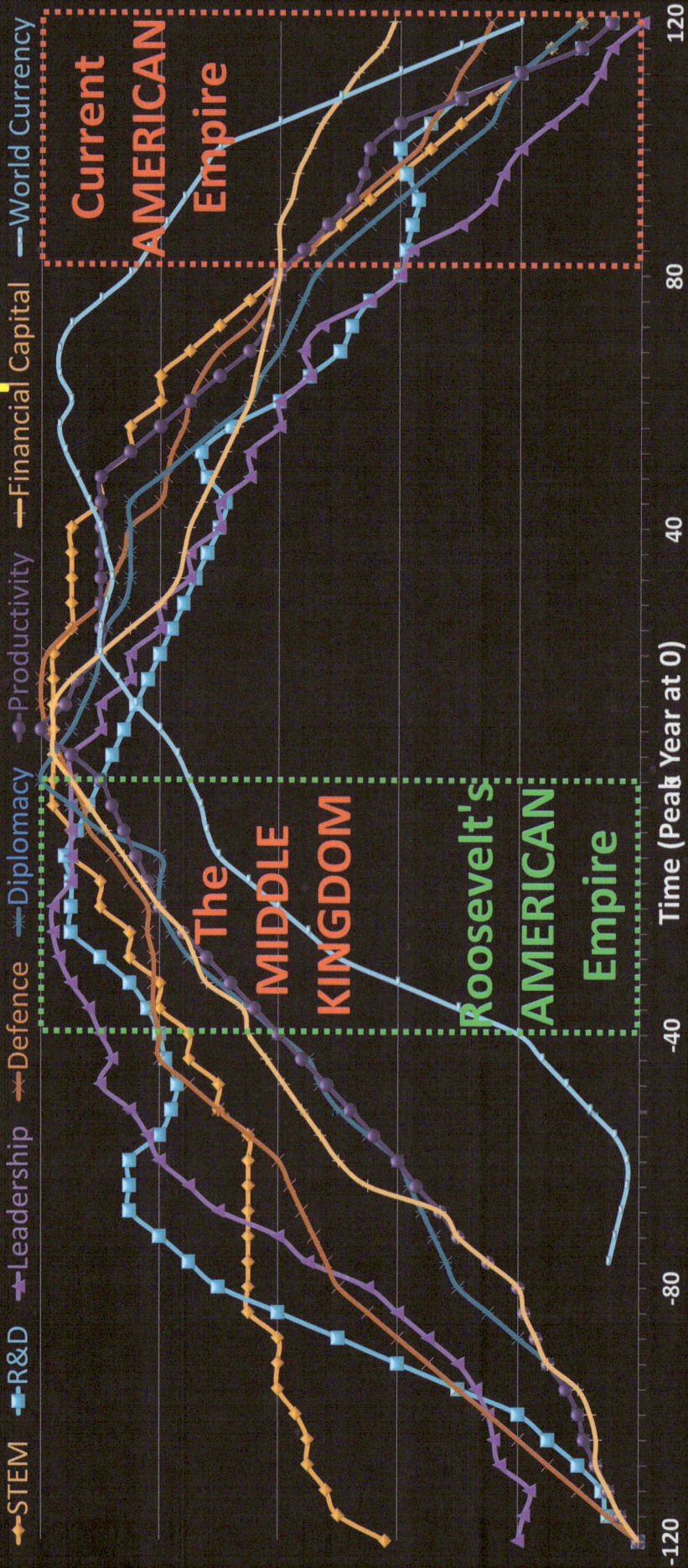

Legend: STEM, R&D, Leadership, Defence, Diplomacy, Productivity, Financial Capital, World Currency

Current AMERICAN Empire

The MIDDLE KINGDOM

Roosevelt's AMERICAN Empire

Time (Peak Year at 0)

Uma proposta para nos trazer de volta à Casa dos Roosevelts

No segundo capítulo do livro, eu adapto *O Novo Normal do Império à perspectiva da Empresa*, para explicar como nos salvar do iminente Quarto Reich[4]. A sobrevivência de uma empresa está intimamente interligada com a ascensão e queda de seus padrinhos/patrocinadores - os impérios do mundo, como temos testemunhado nos últimos cinco séculos com as empresas mais proeminentes, como as empresas holandesas[5] e britânicas[6] das Índias Orientais.

Eu cavei a sepultura da fundação do capitalismo e agora proponho minha receita para trazer de volta o bom e velho *New Deal*[7] de Roosevelt para nos poupar do Quarto Reich. Defendo minha hipótese de que muitas empresas são um bando de sapos da engenharia financeira, viciados em dívidas, nadando em óleo de cobra[8].

★★

The Gods Must Be Crazy!

Gaggle of Financial-Engineering Frogs in Debt

Nonfinancial Corporate Business; Debt Securities; Liability, Level (**Trillion $**)

Source: Board of Governors of the Federal Reserve System(FRED, Q1 2021)

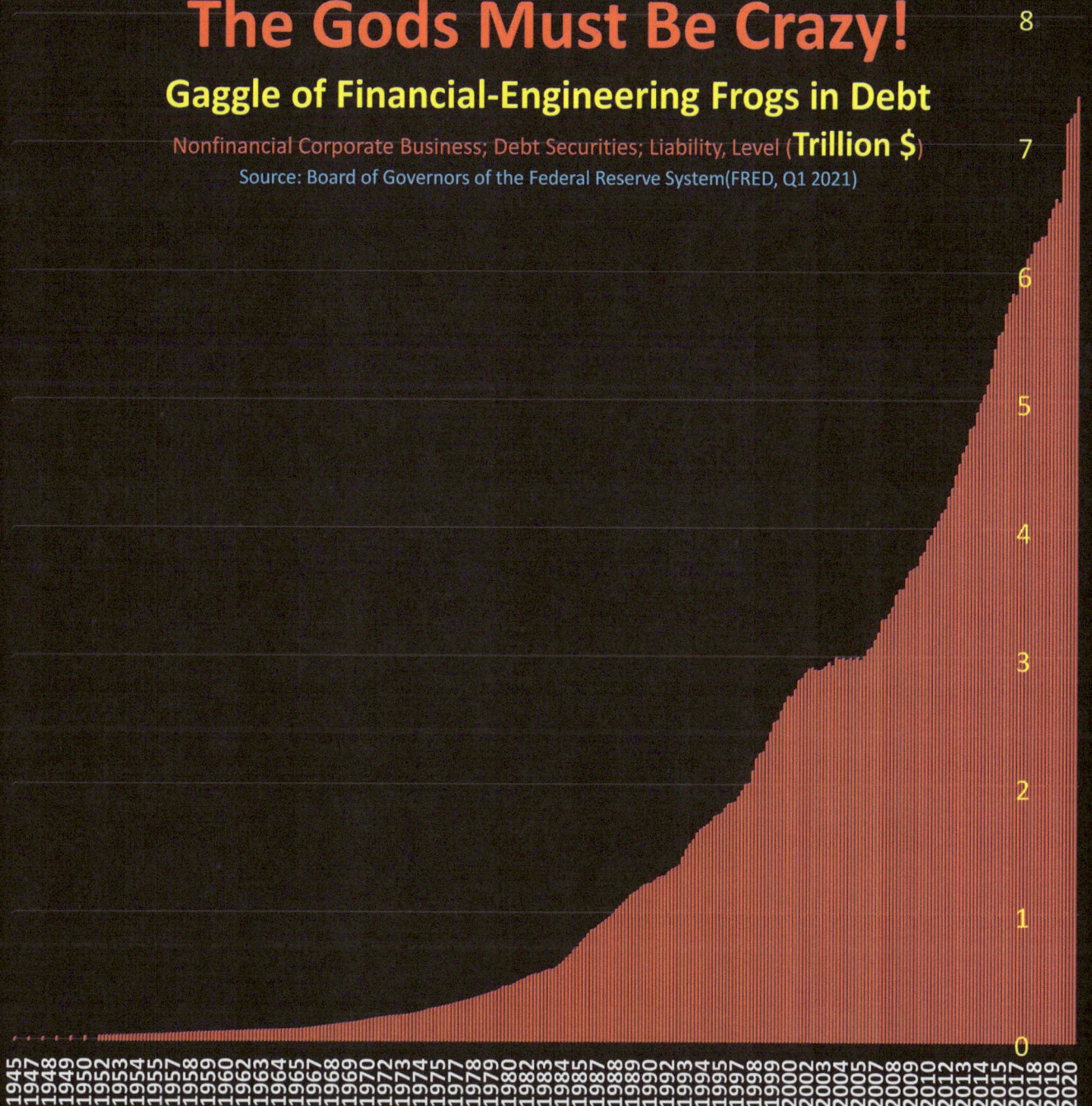

Quando a maré baixar, muitas dessas empresas encontrarão seu sórdido destino nas mãos de abutres de IP (Propriedade Intelectual) como a China, conforme mostra o gráfico abaixo:

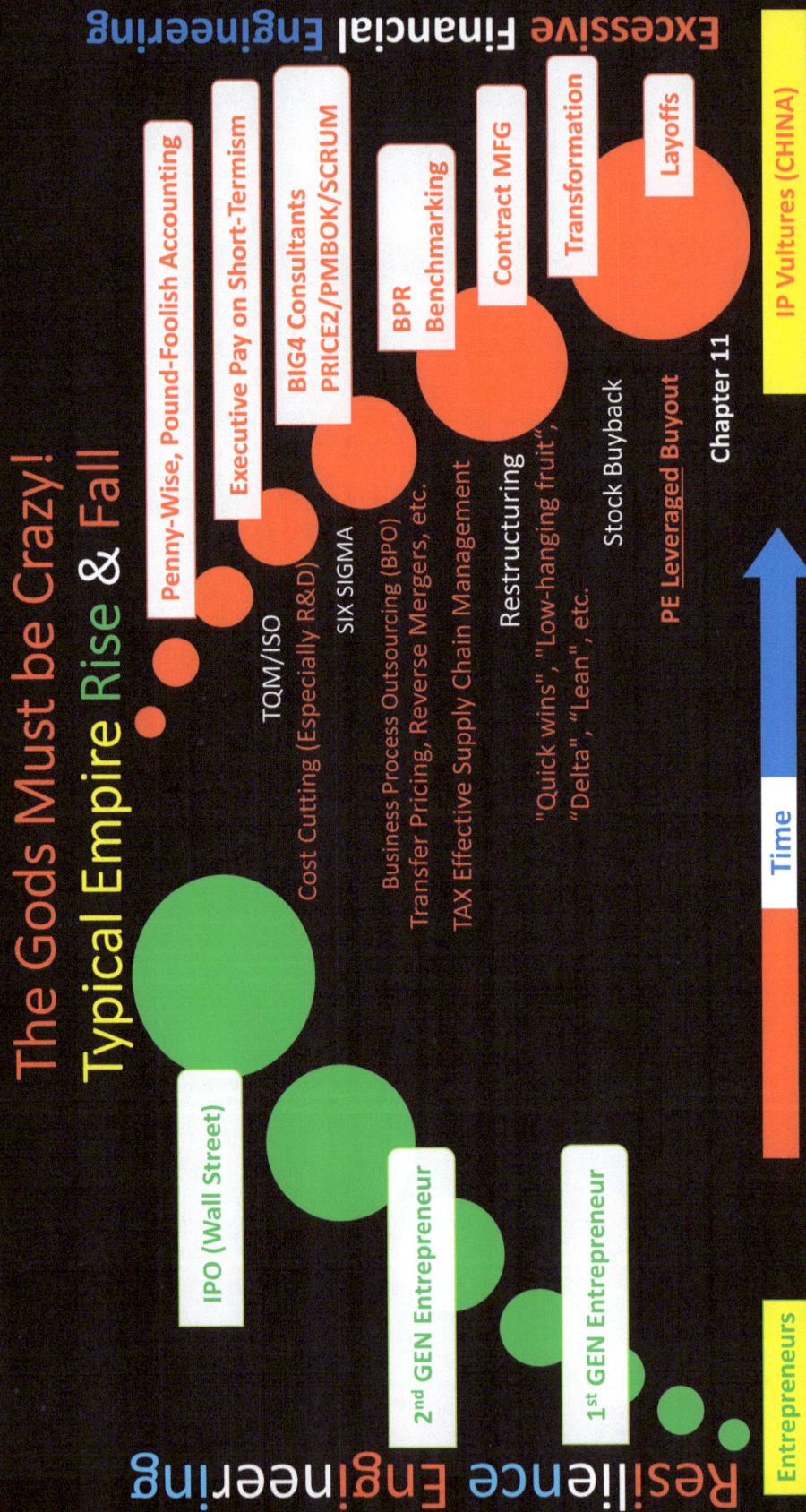

The Gods Must be Crazy!
Typical Empire Rise & Fall

Resilience Engineering

Excessive Financial Engineering

Entrepreneurs

1st GEN Entrepreneur

2nd GEN Entrepreneur

IPO (Wall Street)

TQM/ISO

Penny-Wise, Pound-Foolish Accounting

Executive Pay on Short-Termism

Cost Cutting (Especially R&D)

SIX SIGMA

BIG4 Consultants PRICE2/PMBOK/SCRUM

Business Process Outsourcing (BPO)

Transfer Pricing, Reverse Mergers, etc.

TAX Effective Supply Chain Management

BPR Benchmarking

Restructuring

"Quick wins", "Low-hanging fruit", "Delta", "Lean", etc.

Contract MFG

Stock Buyback

Transformation

PE Leveraged Buyout

Chapter 11

Layoffs

IP Vultures (CHINA)

Time

Devem Estar Loucos!

Ai Ai Ai! Estamos no Meio da Nova Ordem Mundial!

A AURORA DO REINO DO MEIO

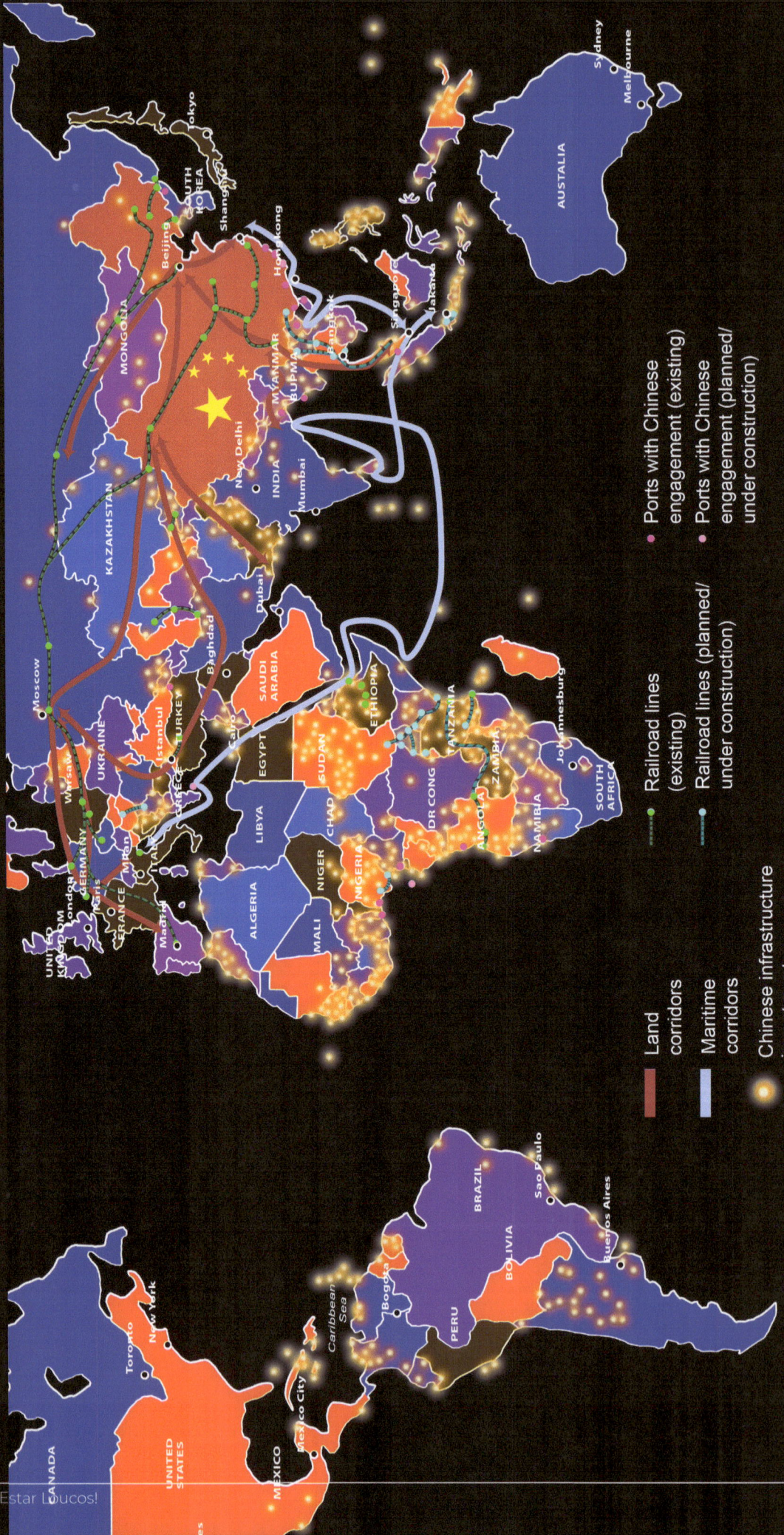

Legend:

- Ports with Chinese engagement (existing)
- Ports with Chinese engagement (planned/under construction)
- Railroad lines (existing)
- Railroad lines (planned/under construction)
- Land corridors
- Maritime corridors
- Chinese infrastructure investments

Map labels: CANADA, UNITED STATES, MEXICO, New York, Toronto, Mexico City, Caribbean Sea, Bogota, PERU, BOLIVIA, BRAZIL, Sao Paulo, Buenos Aires, AUSTRALIA, Sydney, Melbourne, Tokyo, SOUTH KOREA, Beijing, Shanghai, Hong Kong, MONGOLIA, KAZAKHSTAN, Moscow, INDIA, New Delhi, Mumbai, MYANMAR BURMA, Bangkok, Singapore, Jakarta, Dubai, Baghdad, SAUDI ARABIA, Istanbul, TURKEY, UKRAINE, Warsaw, GERMANY, London, UNITED KINGDOM, Paris, FRANCE, Madrid, GREECE, Cairo, EGYPT, LIBYA, ALGERIA, MALI, NIGER, CHAD, NIGERIA, SUDAN, ETHIOPIA, DR CONG, TANZANIA, ZAMBIA, ANGOLA, NAMIBIA, SOUTH AFRICA, Johannesburg

www.Tiger-Rider.com

> *"A arte da guerra é de vital importância para o Estado. É uma questão de vida ou morte, um caminho para a segurança ou para a ruína. Portanto, é um assunto para ser estudado que não pode, em hipótese alguma, ser negligenciado."*
>
> A Arte da Guerra de Sun Tzu (476–221 BC)

Gods Must Be Crazy!

Conservative Estimate of Chinese Debt + Equity

Source: CHINA'S OVERSEAS LENDING, Sebastian Horn, Carmen Reinhart and Christoph Trebesch/KIEL WORKING PAPER NO. 2132)

Note: China's activities are secretive and captured only about 50% of total Chinese overseas loans. Includes debt claims from direct lending, trade advances, FDI debt instruments and portfolio holdings of foreign bonds and equity claims from foreign direct investment and portfolio holdings of foreign equity instruments.

In percent of recipient GDP

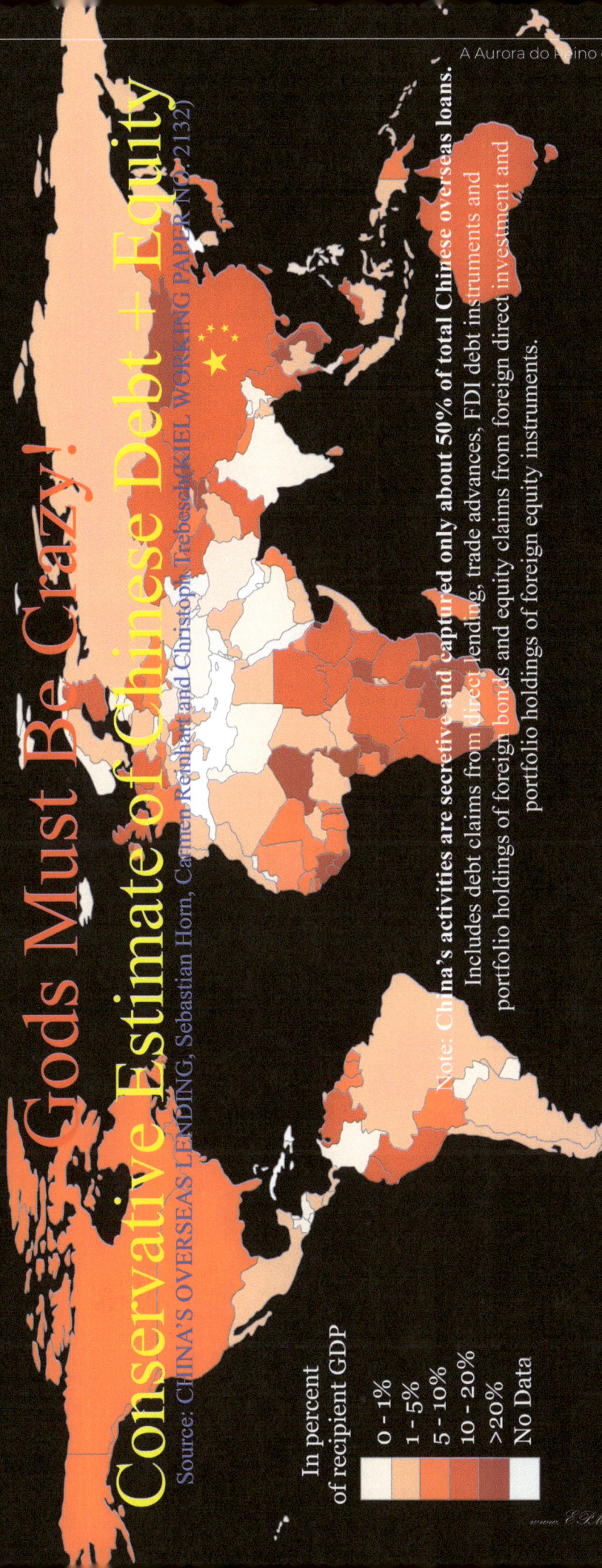

- 0 - 1%
- 1 - 5%
- 5 - 10%
- 10 - 20%
- >20%
- No Data

www.EPM.Mavericks.com

A China, o Reino do Meio, espera ansiosamente que joguemos erradamente nossos velhos trunfos para que possam enviar seus caçadores de recompensas para recuperar a conta devida pelos Estados Unidos e mais de uma centena de outros países[9]. Sob a égide governamental, as empresas chinesas estão efetivamente colonizando o mundo ao influenciar financeiramente esses países com pelo menos US$ 10 trilhões em diplomacia de armadilha de dívidas[10]. As novas gerações da Iniciativa Belt and Silk Road [11] e outros megaprojetos de infraestrutura de alta tecnologia são os principais exemplos do Cavalo de Troia chinês do século XXII. Algumas dessas diplomacias parasitas e insustentáveis são armadilhas de dívidas que podem esconder motivos hegemônicos e desafios à soberania do Estado. Essas ações são direcionadas para apoiar os interesses geoestratégicos e militares da China.

"Em comparação com o status proeminente da China no comércio mundial, o seu papel nas finanças globais é mal compreendido....
As exportações de capital da China constituem um novo banco de dados de 5.000 empréstimos e subsídios para mais de 150 países, 1949 - 2017.
Constatamos que 50% dos empréstimos da China aos países em desenvolvimento, não são declarados ao FMI ou ao Banco Mundial.
Essas "dívidas ocultas" distorcem a supervisão de políticas, a precificação de riscos e as análises de sustentabilidade da dívida.
Uma vez que os empréstimos internacionais da China são quase inteiramente oficiais (controlados pelo estado), os direcionadores padrão dos fluxos privados transfronteiriços de "empurrar" e "puxar" não se aplicam da mesma forma."

— Instituto Kiel para a Economia Mundial (2020) —

De acordo com estimativas do relatório KIEL, em 2017, os empréstimos financeiros totais da China para países estrangeiros correspondiam a mais de 8% do PIB mundial. Os chineses detêm títulos, e só os seus títulos do tesouro equivalem a pelo menos 7% do PIB dos EUA, 10% do PIB da Alemanha e 7% do PIB do Reino Unido em cada um desses países. Na verdade, a China tem uma posição significativa na zona do euro como um todo, totalizando 7% de seu PIB (isso equivale a 850 bilhões de dólares americanos em títulos).

A China pode alavancar pelo menos 5 trilhões de dólares em dívidas com o resto do mundo, e a parcela dos países que receberam a "generosidade" financeira da China atingiu quase 80% em 2017. Este aumento dramático não tem precedentes na história dos tempos de paz e é comparável aos empréstimos dos EUA após a Primeira e Segunda Guerras Mundiais.

Infelizmente, esses números conservadores de 2017 estão agora obsoletos, especialmente considerando o estado econômico do mundo afetado pela pandemia da COVID-19. O impacto da COVID-19 na aceleração de empréstimos e investimentos da China ainda precisa ser avaliado.

Há algum tempo atrás, instituições fundadas pelos Estados Unidos, como o FMI e o Banco Mundial, costumavam ser os grandes financiadores do mundo. O seu método de empréstimo praticava a divulgação total do processo e apresentava um certo nível de transparência, ética e profissionalismo associado a ele. Isso era especialmente importante ao se negociar com governos corruptos e milícias de países com a "maldição dos recursos naturais".

Os estados-membros da Organização para a Cooperação e Desenvolvimento Econômico (OCDE) no Clube de Paris e outras instituições de renome como o FMI e o Banco Mundial concediam empréstimos com mais considerações sobre os termos de empréstimos concedidos à longo prazo. Muitos dos empréstimos do Clube de Paris estão na Assistência Oficial ao Desenvolvimento, conforme definido pela OCDE e têm um elemento de subsídio de pelo menos 25%. Esses empréstimos frequentemente envolvem prazos de até 30 anos e quase nenhum prêmio de risco.

É também amplamente conhecido que a China está envolvida em negociações pouco claras com órgãos governamentais menos éticos e milícias de países que já lutam com a falta de recursos financeiros. Além disso, os bancos estatais da China normalmente entregam o valor do empréstimo diretamente para um empreiteiro chinês responsável pelo projeto, em vez de o enviar para o governo receptor. Isso mantém o ciclo fechado: utilizar empreiteiras chinesas, com mão de obra e materiais chineses, garantindo um benefício mais significativo para a China e menor para o país anfitrião.

Essas táticas dissimuladas e em circuito fechado são uma forma da diplomacia de armadilha de dívidas que pode rapidamente se apoderar da propriedade dos ativos. É um cavalo de Troia da China, que ganha vantagens e pode desfrutar da sua colonização financeira, mas deixa a responsabilidade para os contribuintes do país anfitrião de pagarem a conta pelas gerações vindouras. Em média, os 50 países destinatários mais endividados agora têm dívidas com a China, que chegam perto de 40% da dívida externa informada.

Os empréstimos oficiais chineses são controlados pelo partido comunista chinês, também conhecido como governo. Dois terços da atividade de empréstimo são canalizados através de filiais estrangeiras de bancos chineses em centros financeiros *offshore*. Quase impossíveis de rastrear, esses empréstimos são respaldados principalmente por garantias e são feitos sob o maior sigilo.

Grande parte dos empréstimos é concedida a países financeiramente pobres, mas ricos em recursos naturais, administrados por lideranças corruptas e ineptas. Como tal, os juros e os pagamentos do principal são frequentemente garantidos com os recursos naturais desses países. Ao contrário dos empréstimos intergovernamentais típicos, esses contratos são empréstimos comerciais clandestinos com cláusulas de arbitragem. Como resultado, os valores dos pagamentos, inadimplência ou informações de reestruturação estão fora do domínio público.

Por exemplo, na década de 1970, um boom de empréstimos sindicalizados resultou em uma onda de crises financeiras no início da década de 1980. Naquela época, os bancos ocidentais canalizavam uma grande quantidade de capital estrangeiro para países pobres, mas ricos em recursos naturais na África, Ásia e América Latina. Demorou mais de uma década para resolver as depressões econômicas associadas à série de inadimplências soberanas. Com liderança corrupta e sem muita transparência ou supervisão, muitos dos mesmos países estão agora sendo perseguidos pelos tubarões chineses.

Perto de atingir o status pré-HIPC (Países Pobres Altamente Endividados do inglês "Highly Indebted Poor Countries"), alguns entraram em inadimplência mesmo antes da era da COVID-19. Os países mais atingidos pela pandemia na América Latina e nos territórios africanos mais pobres, sem dúvida terão dificuldades ou perderão completamente a capacidade de reembolsar seus empréstimos à China. A depressão econômica resultou em um colapso acelerado das commodities e a produção de recursos também foi afetada. Sem dinheiro e sem recursos, o futuro financeiro é sombrio para aqueles países sobre os quais a China tem um controle econômico.

Será interessante observar qual será a estratégia de neocolonização chinesa pós-COVID-19. Como ela vai recuperar aqueles empréstimos de penhores feitos por baixo do pano, assinados por lideranças corruptas e pagos com recursos que agora estão depreciados?

Gods Must Be Crazy!

Conservative Estimate of Chinese Direct Loans (2017)

Source: CHINA'S OVERSEAS LENDING, Sebastian Horn, Carmen Reinhart and Christoph Trebesch(KIEL WORKING PAPER NO. 2132)

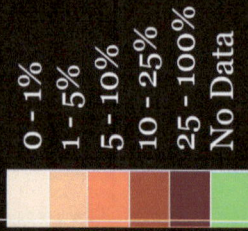

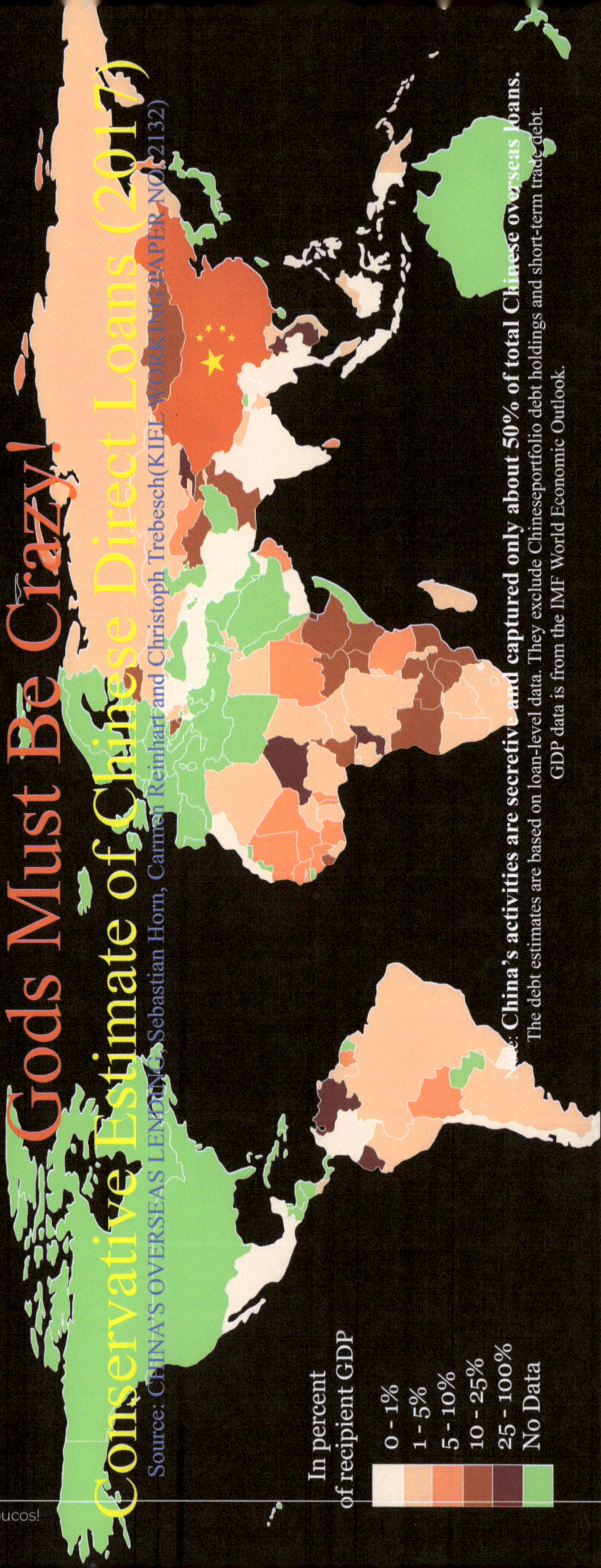

Note: China's activities are secretive and captured only about 50% of total Chinese overseas loans. The debt estimates are based on loan-level data. They exclude Chineseportfolio debt holdings and short-term trade debt. GDP data is from the IMF World Economic Outlook.

In percent of recipient GDP
- 0 - 1%
- 1 - 5%
- 5 - 10%
- 10 - 25%
- 25 - 100%
- No Data

Characteristics of Chinese Loan

Source: CHINA'S OVERSEAS LENDING, Sebastian Horn, Carmen Reinhart and Christoph Trebesch(KIEL WORKING PAPER NO. 2132)

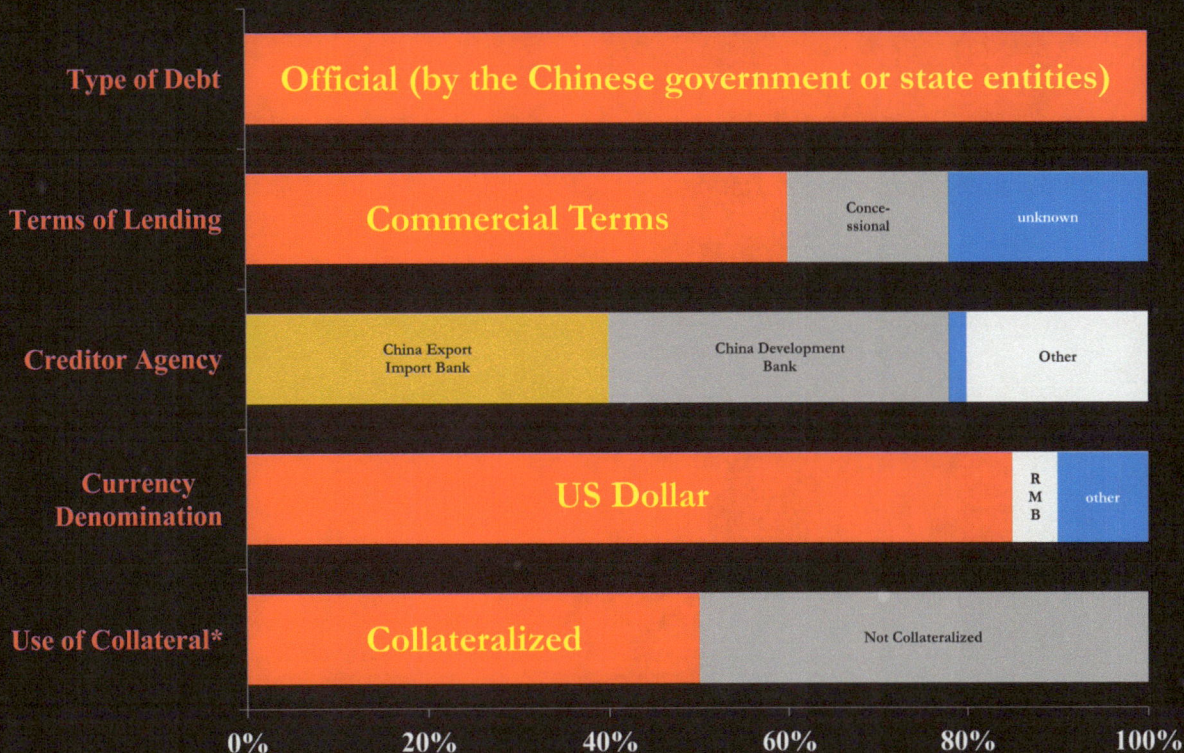

Type of Debt	Official (by the Chinese government or state entities)		
Terms of Lending	Commercial Terms	Concessional	unknown
Creditor Agency	China Export Import Bank	China Development Bank	Other
Currency Denomination	US Dollar	RMB	other
Use of Collateral*	Collateralized	Not Collateralized	

0%   20%   40%   60%   80%   100%

★★★

Após a Segunda Guerra Mundial em meados dos anos 1900, os Estados Unidos **doaram** o equivalente a mais de US$ 100 bilhões (o PIB dos EUA foi de US$ 258 bilhões) distribuídos igualmente entre assistência econômica e técnica para ajudar na recuperação dos países europeus. O mundo inteiro floresceu a partir do Plano Marshall[12], e a paz e a harmonia reinaram por 75 anos. É chegada a hora de liderarmos a coalizão para estabelecer novos Planos Marshall para resgatar os países economicamente colonizados pela China.

> *"Não importa se o gato é preto ou branco, contanto que pegue os ratos".*
> Deng Xiaoping, Líder supremo da China (1978 -1989)

www.ERM.Mavericks.com

Colonização Digital

Nos últimos setenta e cinco anos, nossas empresas de tecnologia nos EUA controlaram uma parte significativa da infraestrutura digital mundial. No entanto, a China está *estendendo* sua "Belt and Road Initiative" (BRI) para a sua "Digital Silk Road" (DSR)[13]. A China assinou acordos específicos de DSR com vários países e seus projetos de infraestrutura são uma subversão, permitindo a Pequim aumentar sua influência em todo o mundo sem muita concorrência. É uma porta dos fundos digital para as empresas chinesas de tecnologia torpedearem as empresas ocidentais. Os fabricantes chineses de equipamentos de telecomunicações, empresas de infraestrutura de armazenamento e data centers estão na direção do negócio. O DSR também fornecerá corredores econômicos e digitais para a inter-pretação da exportação de dados de sensores de cidades inteligentes e de plataformas de dados, que podem ser ameaças potenciais à segurança nacional.

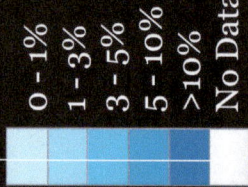

Gods Must Be Crazy!

China's Equity Investments(2017)

Source: CHINA'S OVERSEAS LENDING, Sebastian Horn, Carmen Reinhart and Christoph Trebesch (IEL WORKING PAPER NO. 2132)

Note: This figure shows the geographic allocation of Chinese equity investments, consisting of foreign direct investment and Chinese portfolio holdings of equity instruments issued by non-residents.

Sources: American Enterprise Institute and IMF's Coordinated Portfolio Investment Survey (CIPS).

In percent
of recipient GDP

0 - 1%
1 - 3%
3 - 5%
5 - 10%
>10%
No Data

Existem quatro aspectos na Digital Silk Road da China (DSR):

1. A infraestrutura digital, como data centers e cabos de fibra óptica, permite plataformas de tecnologia futurística como IoT (Internet das Coisas), 5G e 6G.

2. Instituições internacionais que estabelecem normas, regras e regulamentos sobre tecnologias emergentes.

3. Foco em tecnologias relacionadas ao comércio eletrônico, tais como sistemas de pagamento eletrônico, moedas criptográficas e zonas de livre comércio digital.

4. A estratégia chinesa de "Tornar o Reino do Meio Grande Novamente" como parte da iniciativa "Fabricado na China 2025". Para atingir esse objetivo, eles investiram fortemente no "Plano dos Mil Talentos"[14] (trazer de volta expatriados especializados em alta tecnologia[15]).

Empresas chinesas financiadas pelo estado, como Huawei e ZTE[16] estão construindo a maior parte da infraestrutura digital da África. Seus cabos de fibra óptica se tornaram a espinha dorsal da conectividade digital da Ásia Central. O DSR dará ao Partido Comunista Chinês (PCC) vantagem na forma de kompromat[17] para manipular líderes e empresas internacionais importantes, alcançados através de seu acesso a dados confidenciais por meio de coleta e processamento de recursos analíticos de dados substanciais.

Gods Must Be Crazy!

Standing Credit Line at China's Central Bank

Source: CHINA'S OVERSEAS LENDING, Sebastian Horn, Carmen Reinhart and Christoph Trebesch (KIEL WORKING PAPER NO. 2132)

Note: **This figure shows outstanding swap line agreements between China's central bank (PBoC) and foreign central banks.** Red shaded countries have a standing credit line agreement with the PBoC as of 2017.

In total, China has agreements with more than 40 foreign central banks for drawing rights of 550 billion USD.

The figure also considers the multilateral swap agreements within the so called Chiang Mai initiative and within the Contingent Reserve Arrangement of BRICS countries.

The Gods Must Be Crazy!
China's Investment Strategy

Source: CHINA'S OVERSEAS LENDING, Sebastian Horn, Carmen Reinhart and Christoph Trebesch(KIEL WORKING PAPER NO. 2132)

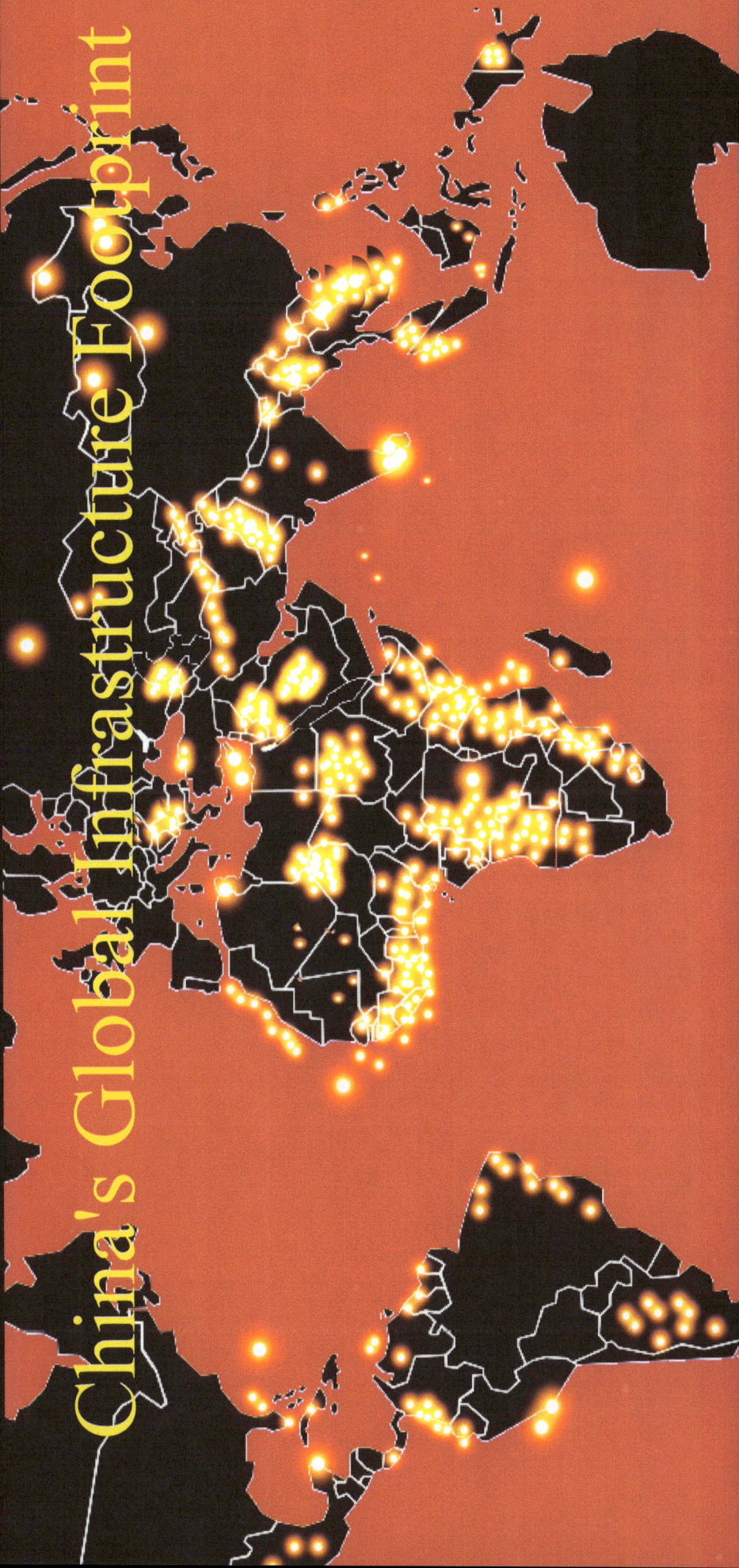

China's Global Infrastructure Footprint

Essa estrutura dará ao PCC uma enorme esfera de influência política. Assim, eles estabelecerão regras e padrões para a execução de suas ideologias políticas e autoritárias, sem levar em conta a opinião do país anfitrião, da sua população ou da sua soberania. As tecnologias chinesas que invadem a privacidade individual, como a tecnologia de reconhecimento facial e a espionagem cibernética, já são amplamente utilizadas em muitos países do mundo para a vigilância de seus cidadãos[18].

Além do comércio eletrônico chinês, o DSR possibilita a telemedicina, as operações financeiras pela Internet e a criação de cidades inteligentes. O aspecto mais alarmante disso é que o DSR controlado pelo estado pode manipular e colher os dados de seus cidadãos colonizados por meio de computação quântica, inteligência artificial e outras tecnologias de ponta[19]. Essas informações podem então serem usadas para o benefício da China e não para o benefício do povo dos países que participarem da DSR.

"Você não entende? Os VC dizem, 'vá embora, vá embora'. Isso é 'fim' para todos os brancos na Indochina. Se você é francês, americano, é a mesma coisa. 'Vá'. Eles querem te esquecer. Olha, capitão. Olha, essa é a verdade. Um ovo.
[quebre ele, drenando a parte branca do ovo]
O branco saiu, mas o amarelo fica!"

Colono francês, "Apocalypse Now"
(filme de Francis Ford Coppola de 1979.)

Competitividade

A Nova Rota da Seda teve como objetivo principal expandir a esfera de influência chinesa e seus investimentos na Ásia através de avanços em infraestrutura como "*One Belt, One Road*" (OBOR) e instituições como o "*Asian Infrastructure Investment Bank*" (AIIB). O AIIB, controlado pela China, possui a mais alta classificação de crédito das três maiores agências de classificação do mundo[20]. Em 2015, o investimento inicial desta instituição com sede em Pequim foi pelo menos equivalente a dois terços do capital do Banco Asiático de Desenvolvimento. O investimento inicial do AIIB também é cerca de metade da do Banco Mundial. AIIB é uma ameaça direta às bases do Banco Mundial e do FMI lançadas pelos americanos.

Em 1960, a economia dos Estados Unidos representava cerca de 40% do PIB mundial. Agora, representa menos de 15% na "Paridade do Poder de Compra" (PPP) segundo as estimativas do FMI para 2020. Enquanto isso, o PIB da China em PPC (Paridade de Poder de Compra) é de 20% e continua crescendo.[21] O PIB da China se multiplicou cerca de quinze vezes o seu tamanho nos últimos trinta anos. Em contraste, o PIB dos EUA apenas dobrou. Enquanto isso, as dívidas internas não financeiras dos EUA aumentam em um ritmo fabuloso. Esse número está atualmente em US$ 80 trilhões, enquanto o balanço patrimonial federal dos EUA agora tem US$ 7 trilhões em dívidas insustentáveis.

"A perda de receita incorrida pelo setor privado - e a dívida criada para preencher a lacuna - deve eventualmente ser absorvida, no todo ou em parte, nos balanços do governo. Níveis muito mais elevados de dívida pública se tornarão uma característica permanente de nossas economias e serão acompanhados pelo cancelamento da dívida privada."

Mario Draghi, ex-presidente do Banco Central Europeu

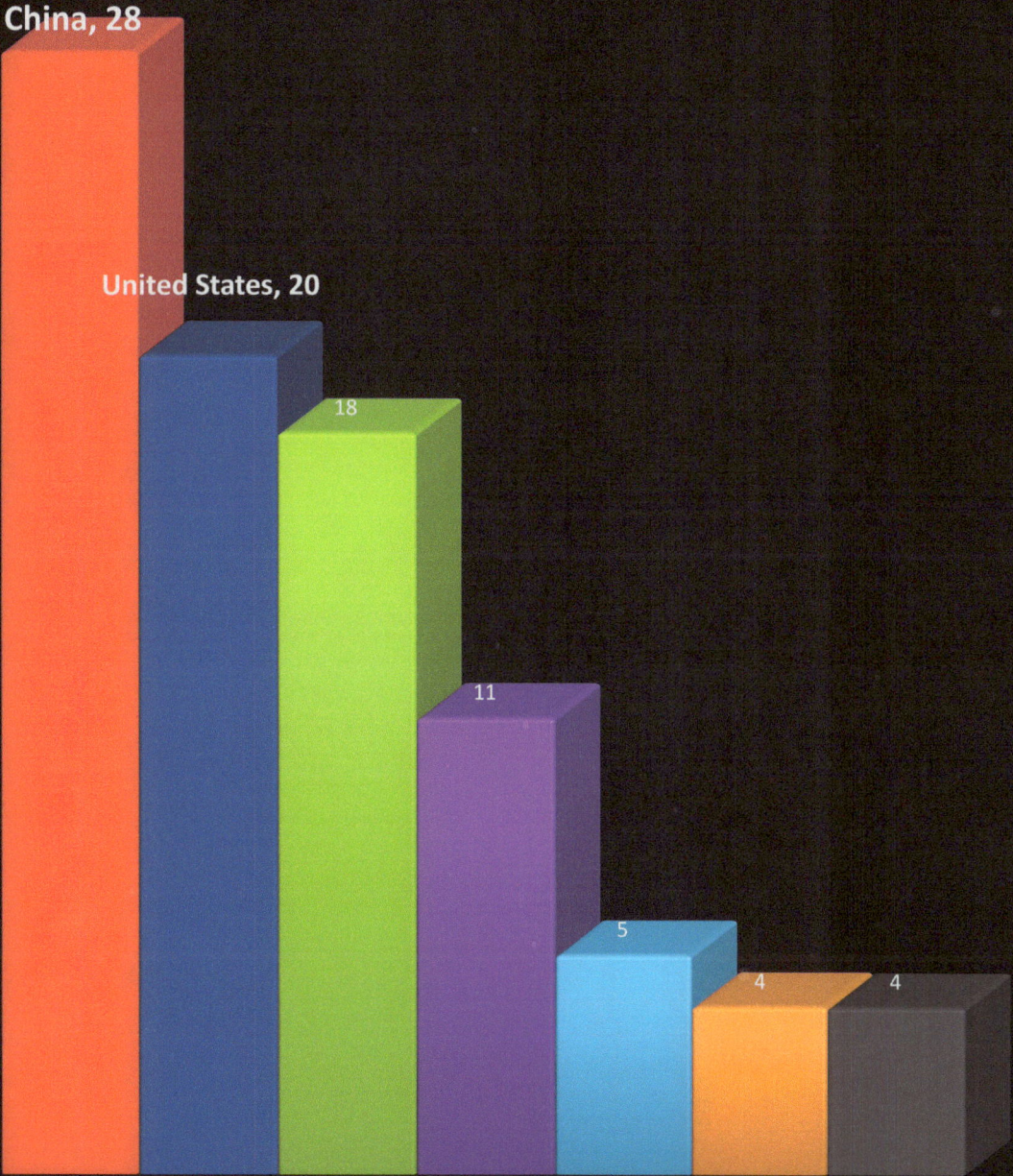

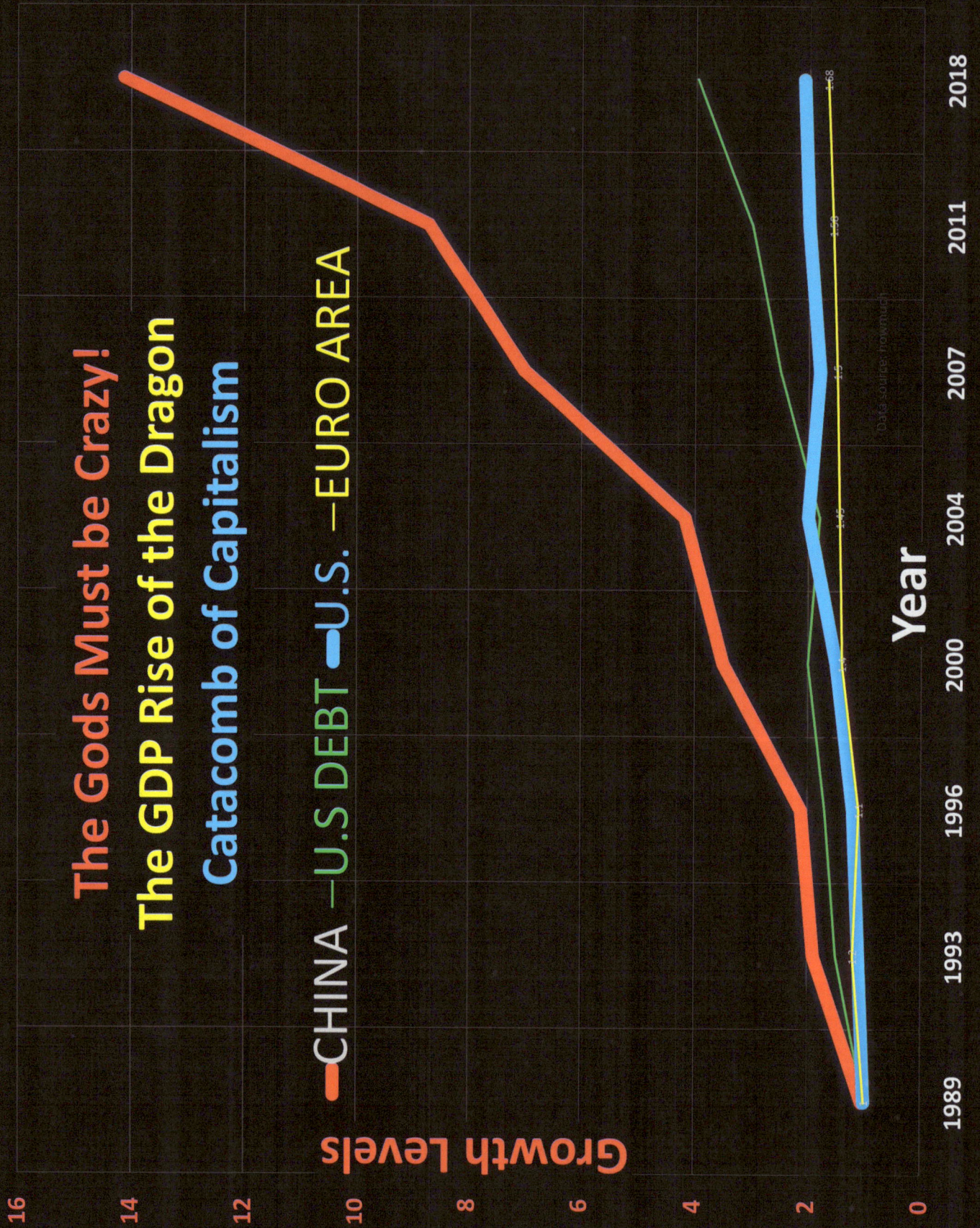

The Gods Must be Crazy!

The GDP Rise of the Dragon

Catacomb of Capitalism

CHINA —U.S DEBT —U.S. —EURO AREA

Growth Levels

Year

Data source: howmuch

16
14
12
10
8
6
4
2
0

1989 1993 1996 2000 2004 2007 2011 2018

Já existe uma frustração significativa associada à execução patética do confinamento nas medidas de contenção da COVID-19. Para piorar a situação, uma das consequências financeiras do Coronavírus é a aceleração da transferência de riqueza para o topo da pirâmide. Esse colapso na solvência financeira global pode resultar em distúrbios e anarquia inimagináveis, que testemunhei em frente à minha casa em Chicago; também pode desencadear guerras civis globais. Esses eventos internacionais podem se tornar muito mais radicais do que o que vivemos em 2020 e podem, em última análise, ter um impacto profundo nas bases das empresas em todo o mundo. Ao mesmo tempo, as empresas chinesas estão ultrapassando os velhos guardas ocidentais.

Segurança Nacional

Durante 2017, estávamos desperdiçando dinheiro na aquisição de equipamentos militares pré-históricos e pessoal caro, enquanto os militares chineses gastaram o equivalente a apenas 87% do orçamento de defesa dos EUA[22]. Eles têm investido de forma sábia e estratégica para nos remover o mais rápido possível, começando pelo seu quintal na região da Ásia-Pacífico. A China tem mais de dois milhões de efetivos ativos (contra 1 milhão dos EUA), oito milhões de efetivos na reserva (contra 800 mil dos EUA) e mais de 385 milhões de tropas adicionais disponíveis para os militares (contra 73 milhões dos EUA). Embora os chineses tenham estudado de forma inteligente todos os aspectos dos EUA, a maioria dos cidadãos americanos desconhece o mundo fora das fronteiras de seu país, além dos aeroportos e das armadilhas para turistas elegantes. A população dos Estados Unidos é suscetível ao aprisionamento dentro de sua torre de marfim e zonas verdes com um "grande, grande, e belo muro" altamente fortificado[23][24]."

O sistema de saúde dos Estados Unidos é mal planejado, socialmente irresponsável, isolado, insalubre e o maior desperdiçador de saúde do mundo (cerca de US$ 5 trilhões por ano). O setor é administrado por uma gangue de "cartéis médicos".[25] Bandidos da indústria farmacêutica e da saúde gastaram cinco bilhões de dólares em lobby desde 1998. Como a COVID-19 expôs, mesmo sob a Lei de Produção de Defesa Presidencial, somos reféns na China para obter nossas próprias máscaras faciais 3M e equipamentos básicos de proteção individual (PPE).

"Nos EUA, 90% de todas as receitas médicas são preenchidas por medicamentos genéricos, e uma em cada três pílulas consumidas é produzida por um fabricante indiano de genéricos. A Índia recebe cerca de 68% de seus ingredientes farmacêuticos ativos (APIs) da China".

Estudo de abril de 2020 da KPMG e da
Confederação da Indústria Indiana (CII)

New Confirmed COVID-19 Cases per Day, normalized by population

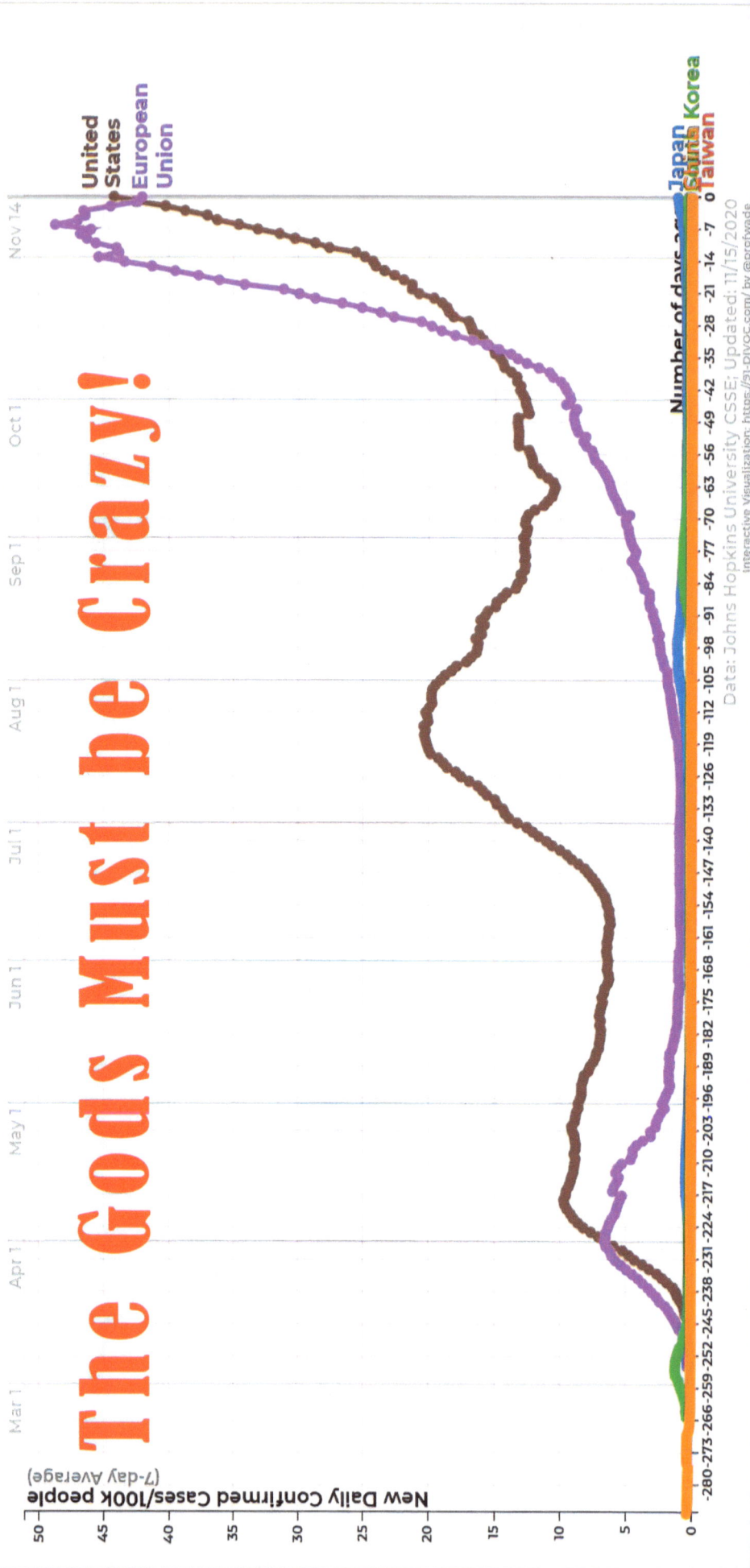

The Gods Must be Crazy!

United States
European Union
Japan
South Korea
Taiwan

New Daily Confirmed Cases/100k people
(7-day Average)

New Daily Confirmed Cases/100k people

Number of days

Data: Johns Hopkins University CSSE; Updated: 11/15/2020
Interactive Visualization: https://91-DIVOC.com/ by @profwade_

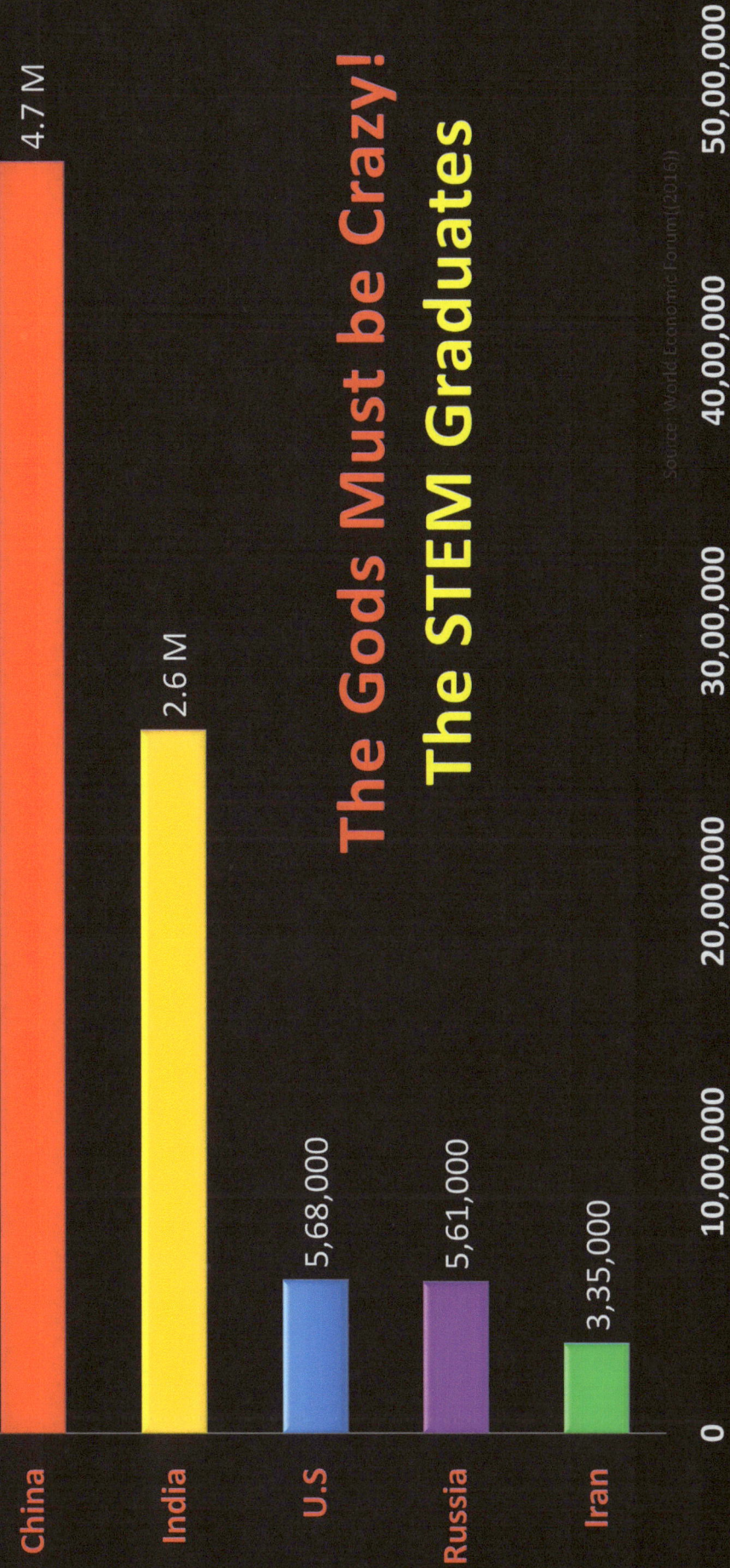

The Gods Must be Crazy!

The STEM Graduates

Source: World Economic Forum (2016)

Country	STEM Graduates
China	4.7 M
India	2.6 M
U.S	5,68,000
Russia	5,61,000
Iran	3,35,000

0 10,00,000 20,00,000 30,00,000 40,00,000 50,00,000

Conhecimento Avançado

Segundo a OCDE, os EUA reservam seu orçamento financeiro para faculdades mais do que quase qualquer outro país. Essa decadência, como "a mania por esportes atléticos" sem nenhum retorno sobre o investimento, é frequentemente atribuída ao valor educacional[26]. Infelizmente, os Estados Unidos formam anualmente um número significativamente menor de engenheiros em comparação com a China ou mesmo a Índia. A China passou 35 anos construindo um sistema de patentes. Segundo a "Organização das Nações Unidas para a Propriedade Intelectual Mundial" (OMPI), os chineses foram responsáveis por quase metade dos pedidos de patentes globais em 2018, registrando 1,54 milhões de pedidos (contra menos de 600.000 pelos EUA), liderados por telecomunicações e tecnologia da computação.

De 2017 a 2018, os EUA enviaram mais de 11.000 alunos para a China[27] para educação de baixo custo. Em troca, os alunos chineses representam mais de 30% de todos os alunos internacionais que estudam nos Estados Unidos (363.000 alunos) em mestrados em alta tecnologia, doutorados e outros programas em nossas instituições de prestígio. A China estava construindo uma nova universidade a cada semana e 40% se graduaram em um curso de Ciência, Tecnologia, Engenharia e Matemática em 2013, o dobro dos padrões dos EUA. De acordo com essas estimativas, o número de graduados chineses em Ciência, Tecnologia, Engenharia e Matemática aumentará cerca de 300% até o ano de 2030.

O conhecimento avançado tem sido historicamente o fator direcionador do crescimento e do declínio dos impérios e suas empresas. O conhecimento é a base de uma comunidade e impulsiona a maioria dos setores. Segundo o relatório do PISA 2015, os Estados Unidos têm se classificado consistentemente no 15° percentil inferior do mundo desenvolvido[28]. A educação inferior leva à falta de oportunidades e a uma sociedade desigual. Esse tratamento injusto pode levar à agitação civil, causando graves danos à economia e às suas empresas.

Como resultado, um em cada três adultos norte-americanos foi preso até aos 23 anos. Enquanto os Estados Unidos representam cerca de 4,4% da população mundial, um em cada cinco prisioneiros do mundo está encarcerado nos Estados Unidos. *Homens negros têm seis vezes mais chances de serem presos do que homens brancos."*[29] Essas estatísticas infelizes são a causa de protestos e tumultos que ocorrem de forma consistente.

Se quisermos alcançar a verdadeira paz neste mundo, devemos começar a educar as crianças

Mahatma Gandhi

Sistema Capitalista

"*Um peixe apodrece da cabeça para baixo*". A decisão da Supreme Court of United Citizens (*Supremo Tribunal dos Cidadãos*) em 21 de janeiro de 2010 foi o prego final no caixão do modelo de capitalismo de Roosevelt. O veredicto da United Citizens abriu a porta para contribuições eleitorais ilimitadas por corporações. A maioria dessas contribuições foi canalizada por grupos secretos conhecidos como super PACs (Comitês de Ação Política).[30]

Os desvios perpetradas em nosso pântano (DC) e Wall Street permitem incentivos fiscais, resgates e bônus para executivos corporativos que sufocam a galinha dos ovos de ouro (suas empresas) através de recompra de ações e engenharia financeira extrema. De 2009 a 2019, a American Airlines desembolsou US$ 13 bilhões em recompras de ações, enquanto seu fluxo de caixa livre para o mesmo período foi negativo. As seis principais companhias aéreas investiram US$ 47 bilhões dos US$ 49 bilhões gerados nas recompras de ações durante o mesmo período.[31] Hoje, os contribuintes desavisados continuam a socorrer esses indivíduos e a brincadeira da engenharia financeira logo capitalizará sobre isso, transformando o desastre em um bônus.

"Os capitalistas nos venderão a corda com a qual os enforcaremos."

Vladimir Ilyich Lenin

Enquanto isso, o governo chinês investe trilhões de dólares em P&D, novas fábricas, educando a força de trabalho e financiando-as para abocanhar os anjos caídos do ocidente (nossas empresas em dificuldades financeiras). Durante esses tempos turbulentos, até mesmo os fundos abutres do governo da Arábia Saudita estão em chamas - vendendo excursões de compras e engolindo participações de joias da coroa das empresas americanas por alguns milhões de dólares. Essa lista de caça às baleias inclui nossa segunda maior contratante de defesa, a Boeing, que gastou US$ 43 bilhões de seu fluxo de caixa de US$ 58 bilhões na recompra de ações em uma só década[32]. Nossos sábios líderes estão vendendo este país por um punhado de dólares. É uma questão de segurança nacional. Eles estão deliberadamente fechando os olhos e distraindo o eleitorado ignorante, acenando-lhes com carne vermelha podre.

"Recompras são o principal exemplo de uma tensão crescente de incompetência entre CEOs e entre os conselhos de administração".

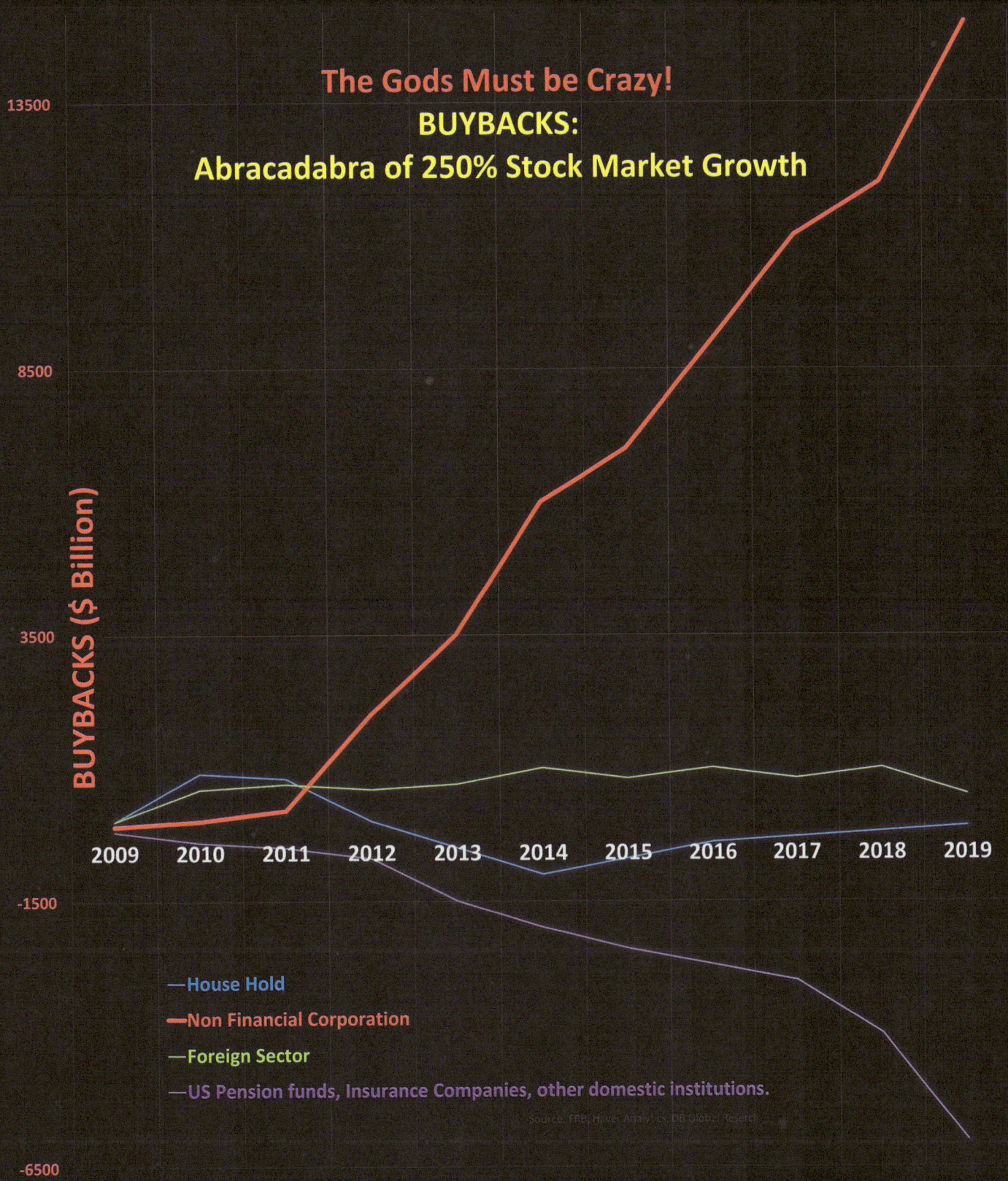

The Gods Must be Crazy!
BUYBACKS:
Abracadabra of 250% Stock Market Growth

BUYBACKS ($ Billion)

13500
8500
3500
-1500
-6500

2009 2010 2011 2012 2013 2014 2015 2016 2017 2018 2019

— House Hold
— Non Financial Corporation
— Foreign Sector
— US Pension funds, Insurance Companies, other domestic institutions.

Source: FRB, Haver Analytics, DB Global Reserch

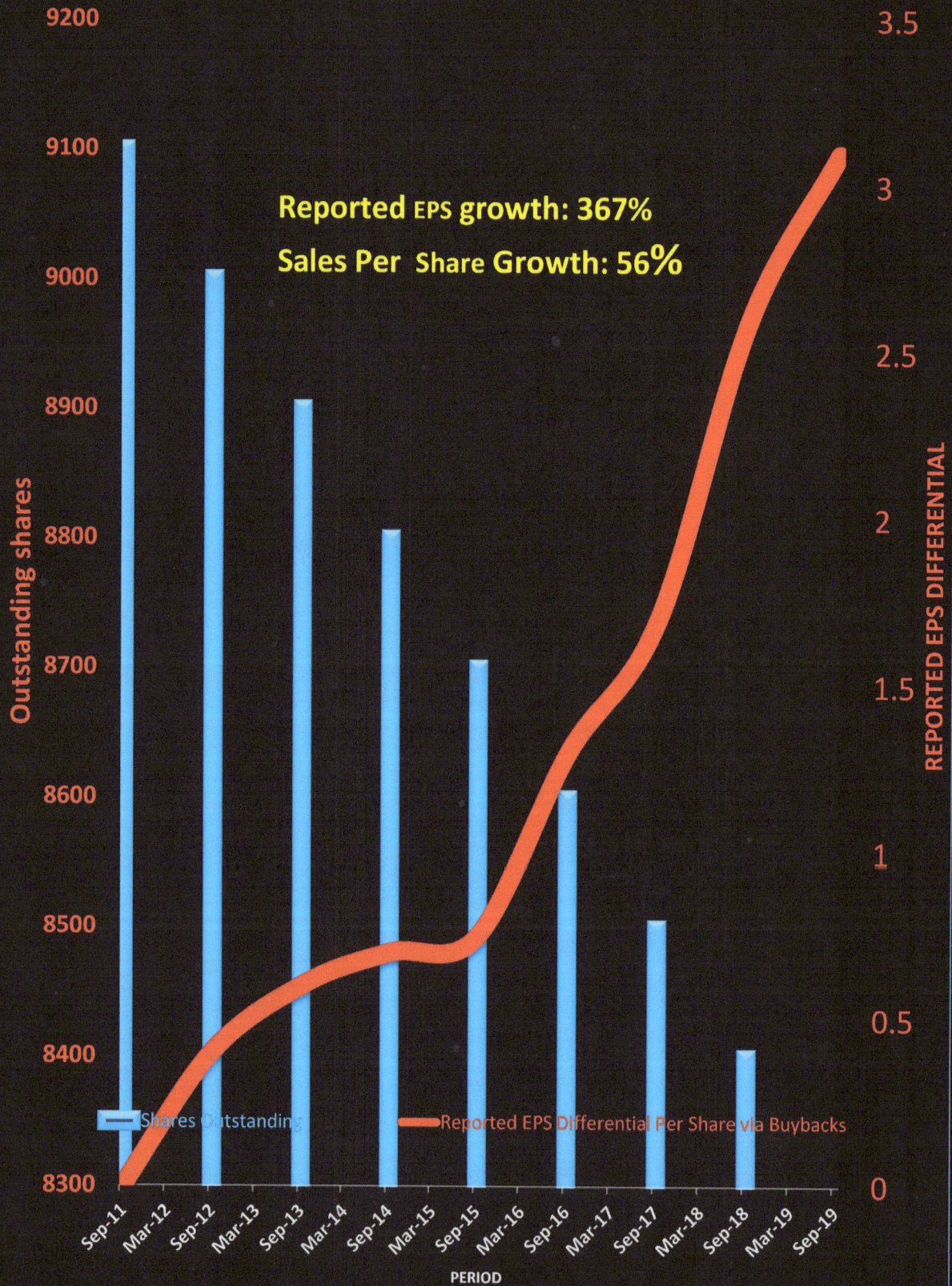

The Gods Must be Crazy!
BUYBACKS: The Accounting Gimmick!
Catacomb of Capitalism?

Reported EPS growth: 367%
Sales Per Share Growth: 56%

Shares Outstanding — Reported EPS Differential Per Share via Buybacks

Outstanding shares

REPORTED EPS DIFFERENTIAL

PERIOD

Source Data: Real Investm

Sistema de Classe Elitista

A engenharia financeira de nossas elites e bancos centrais, especialmente desde o colapso econômico de 2008, criou a maior parte do atual hiato de riqueza. A maior parte do crédito disso vai para o pai da exuberância irracional, Alan Greenspan, ex-presidente do Federal Reserve dos Estados Unidos, de 1987 a 2006. A Política monetária baseada nas taxas de juros, o dinheiro de helicóptero via afrouxamento quantitativo (QE) e a compra de ativos financeiros são exemplos importantes. O dinheiro emprestado era grátis/barato e utilizado para recompras, fusões, aquisições e várias façanhas de engenharia financeira. Esse cenário resultou em um crescimento de mais de 250% do mercado de ações na última década.

Infelizmente, apenas alguns poucos privilegiados tinham acesso ao dinheiro grátis/barato apresentado na parte vermelha do gráfico que se segue. Apesar da queda, a grande maioria (*observe a pequena parte amarela do gráfico*) desvalorizou a sua fatia do bolo. Apenas algumas poucas elites privatizaram efetivamente os lucros e socializaram o passivo fiscal e dos juros nos anos seguintes. Quando a China enviar os seus cobradores de dívidas, será para cobrar a maioria dos contribuintes presa no inferno da execução hipotecária, não das elites espertas em seus paraísos fiscais[33].

Os EUA são a única economia desenvolvida onde a renda média dos 50% dos seus cidadãos mais pobres diminuiu nas últimas três décadas. O presidente Trump tirou proveito desse mar branco de desespero e reação da classe trabalhadora na eleição de 2016. Além de derramar sangue precioso, os Estados Unidos queimaram mais de 5 trilhões de dólares lutando em guerras religiosas tribais nos desertos do Oriente Médio, o que deixou alguns poucos extremamente ricos. Cada cidadão da base dos 50% mais pobres poderia ter recebido um cheque de US$ 30.000 se essas guerras tivessem sido evitadas. Em contraste, os 50% mais pobres na China experimentaram as três melhores décadas em 3.000 anos. Cerca de 800 milhões de chineses foram libertados da pobreza. Paralelamente, milhões de famílias de classe média dos EUA foram forçadas a ir para a base da pirâmide, tendo que viver com vales-refeição e outras ajudas governamentais.

Roosevelt construiu uma sociedade meritocrática que se tornou uma plutocracia Zamindar[34], um sistema cujos tentáculos se estendiam profundamente. Os nossos líderes estão aproveitando a insatisfação da classe baixa de nossa sociedade e ganhando eleições acenando-lhes com os ossos do lixo. O sistema chinês não pode mudar o Partido Comunista, mas o Partido pode mudar estrategicamente as políticas para aproveitar os melhores interesses de longo prazo do país. Nos Estados Unidos, podemos mudar de partido a cada ciclo eleitoral de meio de mandato ou de quatro anos, no entanto, infelizmente, continuamos presos às políticas antiquadas de "Hara-kiri" de alguns lobbies de interesse especial. O sistema capitalista moral e ético baseado em regras que os Roosevelts desenvolveram construiu um reservatório de boa vontade no país e no exterior nos últimos setenta e cinco anos. Infelizmente, atualmente os EUA estão drenando o lago, tanto no país como no exterior, com suas políticas draconianas de curto prazo.

A forma ortodoxa radical de capitalismo praticada hoje por engenheiros financeiros selvagens, leva a criação de armadilhas financeiras em forma de dívidas, que contribuem para a colonização econômica, populismo, imperialismo, fascismo, levantes, motins, revoluções, guerras, conflitos e anarquismo. Como vimos nas eleições primárias dos Estados Unidos, candidatos presidenciais como Bernie Sanders e Elizabeth Warren e outros pregarão sem sucesso o socialismo (a redistribuição da riqueza enquanto se preserva a democracia).

The Gods Must Be Crazy!

Wealth by wealth 1% vs 50%

(US$ Trillions) www.federalreserve.gov

■ Top 1%   ■ Bottom 50%

Y-axis: 0, 5, 10, 15, 20, 25, 30, 35, 40, 45

X-axis: 1990:Q2, 1991:Q2, 1992:Q2, 1993:Q2, 1994:Q2, 1995:Q2, 1996:Q2, 1997:Q2, 1998:Q2, 1999:Q2, 2000:Q2, 2001:Q2, 2002:Q2, 2003:Q2, 2004:Q2, 2005:Q2, 2006:Q2, 2007:Q2, 2008:Q2, 2009:Q2, 2010:Q2, 2011:Q2, 2012:Q2, 2013:Q2, 2014:Q2, 2015:Q2, 2016:Q2, 2017:Q2, 2018:Q2, 2019:Q2, 2020:Q2

nidades, ao vencer o Império Britânico, o seu entusiasmo no processo. A China desfruta agora de uma situação-espelho. O 11 de setembro de 2001, e particularmente o tsunami econômico de 2008, nos proporcionou oportunidades fantásticas de tirar proveito de nossas inegavelmente supremas forças militares, moeda de reserva, boa vontade política e uma miríade de outros recursos.

Mas nossos lobistas no pântano que é Washington DC sequestraram a oportunidade, usando-a para sustentar seus objetivos em Wall Street (que deram início ao problema em primeiro lugar), em vez de investir em nossa infraestrutura crítica em ruínas.

Infelizmente, em vez de aproveitar as fantásticas oportunidades globais, a *BIG4 Consulting* e as firmas de contabilidade, etc., tomaram o caminho parasitário. Essas oportunidades foram enquadradas como passivos; o futuro e as oportunidades tornaram-se centros de custo em vez de centros de lucro. Eles eram bem versados na prática da engenharia financeira ortodoxa extrema. Teimaram em açoitar o deteriorado cavalo capitalista por alguns dólares, transferindo todo o futuro capitalista para o leste. Esses esquemas incluem *benchmarking* sem sentido, transformações (TI, finanças, cadeia de suprimentos, etc.), gerenciamento da cadeia de suprimentos com eficácia tributária (TESCM), terceirização de processos de negócios, manufatura por contrato, terceirização de P&D, reestruturação e muito mais, criaram danos irreparáveis à resiliência da empresa. O resultado final é um cavalo-de-batalha empresarial morto.

Fundos Abutres de Parasitas, piratas corporativos e empresas de *private equity* aproveitaram a oportunidade para atacar as poucas empresas remanescentes com excelentes balanços, sugando todo o sangue deixado para trás ao carregá-las com dívidas de curto prazo e altas taxas de juros. Mesmo quando a empresa atacada falhou, as empresas parasitárias de private equity embolsaram seu dinheiro sangrento graças às taxas iniciais e juros carregados (*carried interest*).

Em vez de ver isso como uma oportunidade de reinvestir em seus próprios empreendimentos, os líderes de nossas empresas decadentes e seus BODs de compadres consideraram uma oportunidade de tentar obter os grandes balanços com recompra de ações, enriquecendo-se dessa forma. Como no tsunami econômico de 2008, os contribuintes resgataram essas empresas zumbis - o mau comportamento financeiro em DC, resultou na privatização dos lucros através da socialização dos passivos para o contribuinte.

De acordo com a SBA, as pequenas empresas respondem por 99,7% das firmas empregadoras dos EUA e 64% dos novos empregos líquidos no setor privado[38]. Apenas em algumas semanas de 2020, 25% das pequenas empresas fecharam, deixando cerca de 40 milhões de americanos desempregados. O relógio está correndo para fechamentos permanentes.

Sendo os fornecedores de ideias e má conduta profissional nesses necrófagos de engenharia financeira extrema, as oportunistas escolas de negócios da IVY League precisam aceitar sua cota justa de responsabilidade por linchar a enfraquecida fundação capitalista construída pelos Roosevelts - Teddy, Franklin e Eleanor. Muitos graduados das escolas de negócios da IVY league e profissionais de ponta em busca de sonhos financeiros acabam em Wall Street ou em uma das empresas BIG4. Por alguns dólares a mais, a maioria dos engenheiros do *crème de la crème* também acaba nesta prática de engenharia financeira.

Mas *para que serve Wall Street*? Muito do que os banqueiros de investimento fazem é socialmente inútil e potencialmente perigoso para as economias dos EUA e globais. Além dos produtos tóxicos de engenharia financeira, que coisas tangíveis eles projetam, constroem ou vendem? *Wall Street* se desconectou da *Main Street*. Eles colocaram a economia de joelhos, criando o "Grande Demais para Quebrar", que socializou o passivo (para o contribuinte) e privatizou os lucros. Eles criaram os derivativos e outras WMDs (Armas de Destruição em Massa) e encorajaram a tomada de risco distorcida em um mercado manipulado.

Como se pode ver no gráfico abaixo, dois terços da receita do BIG 4 vêm de auditoria e práticas fiscais. As práticas de auditoria realizam a autópsia de números históricos e evitam problemas com requisitos de conformidade internos e externos. As práticas fiscais também ajudam os clientes a tirar proveito de brechas de benefícios fiscais, PO boxes (paraísos fiscais offshore), TESCM (Tax Effective Supply Chain Management/ Gestão Efetiva da Cadeia de Fornecimento Fiscal) e outras práticas que podem ser tóxicas para os contribuintes. Uma parte significativa das práticas de consultoria consiste em engenharia financeira. Até que ponto nossas instituições da IVY league dão luz verde à RSC (Responsabilidades Sociais Corporativas) e o futuro ético da Empresa e da América? Ou eles só são capazes de ser cupins corroendo suas fundações?

> *" De 2009 a 2015, as 50 maiores empresas dos EUA obtiveram mais de US$ 423 bilhões em incentivos fiscais e gastaram mais de US$ 2,5 bilhões em lobbies no Congresso para aumentar ainda mais seus resultados financeiros."*
>
> Oxfam America

The Gods Must be Crazy!
BIG4 revenue (2018) by services

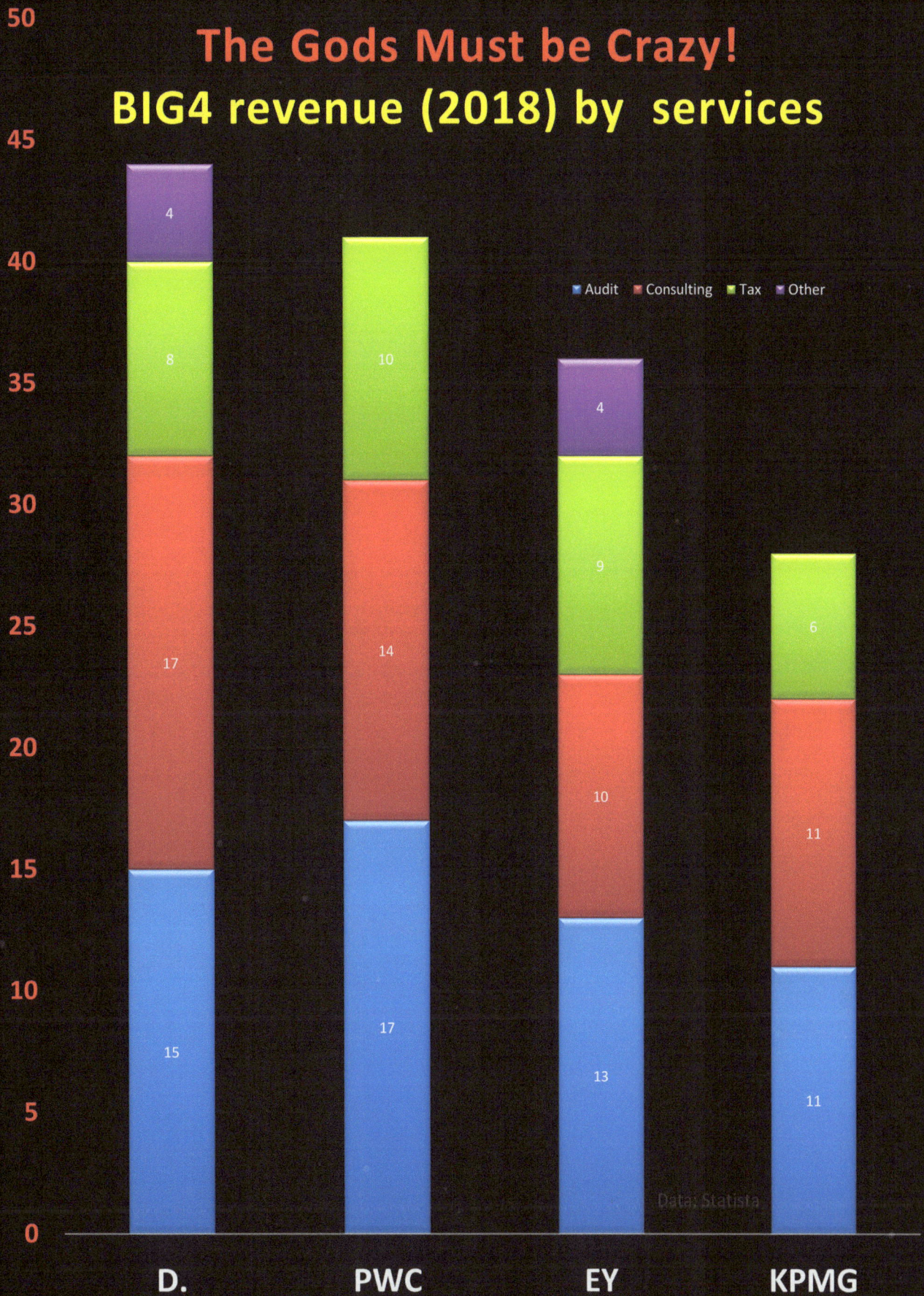

Legend: Audit, Consulting, Tax, Other

	D.	PWC	EY	KPMG
Other	4		4	
Tax	8	10	9	6
Consulting	17	14	10	11
Audit	15	17	13	11

Data: Statista

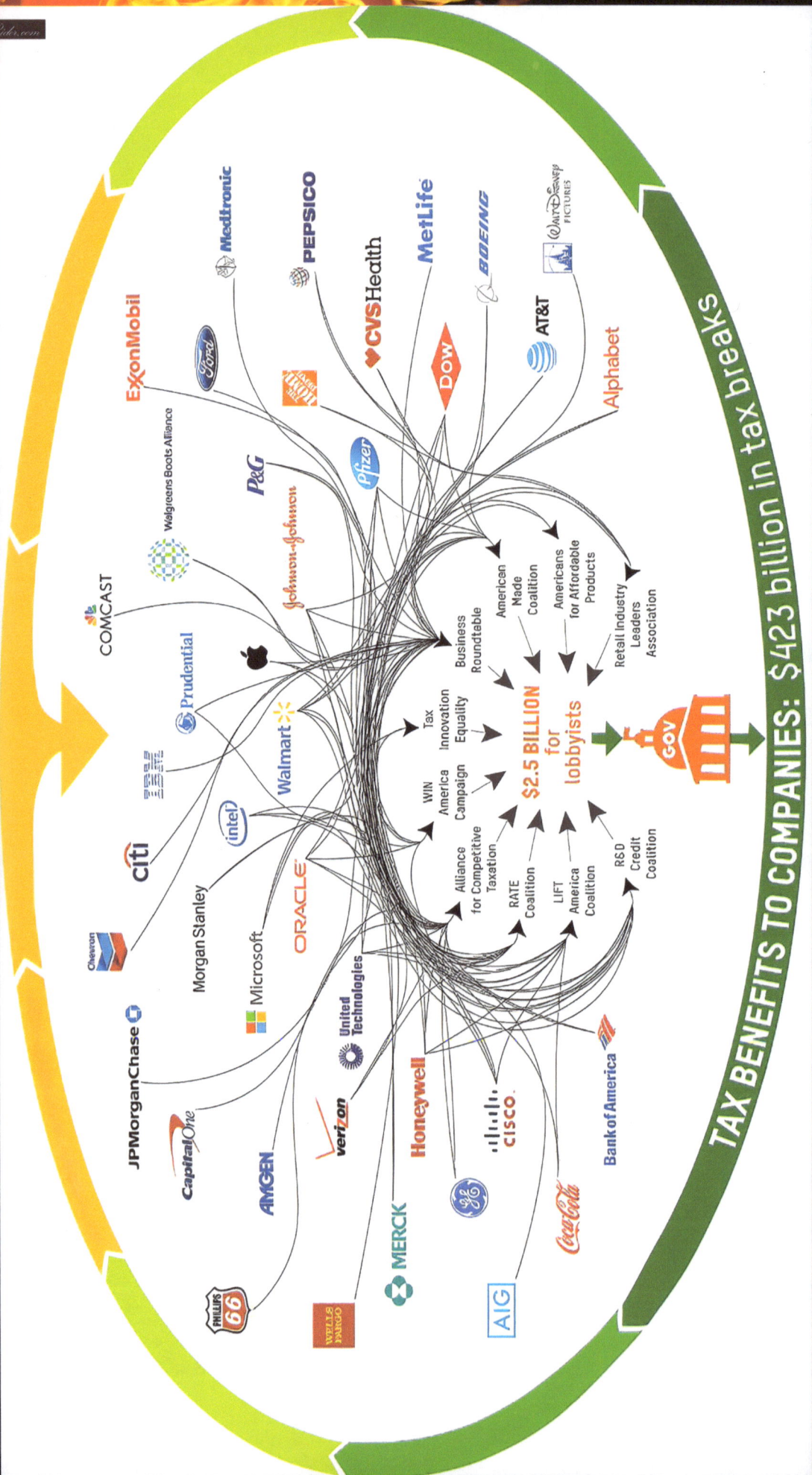

TAX BENEFITS TO COMPANIES: $423 billion in tax breaks

$2.5 BILLION for lobbyists

Business Roundtable

American Made Coalition

Americans for Affordable Products

Retail Industry Leaders Association

Tax Innovation Equality

WIN America Campaign

Alliance for Competitive Taxation

RATE Coalition

LIFT America Coalition

R&D Credit Coalition

GOV

ExxonMobil · Medtronic · PEPSICO · MetLife · BOEING · Walt Disney PICTURES

Ford · The Home Depot · CVS Health · Dow · AT&T · Alphabet

Walgreens Boots Alliance · P&G · Johnson & Johnson · Pfizer

COMCAST · Prudential · Apple · Walmart

Chevron · Citi · intel · ORACLE

JPMorganChase · Morgan Stanley · Microsoft · United Technologies

Capital One · Verizon · Honeywell · CISCO · Bank of America

AMGEN · MERCK · GE · Coca-Cola

PHILLIPS 66 · WELLS FARGO · AIG

Elysium[39]

Então, nossos parasitas derrubaram a fundação capitalista arquitetada por Roosevelt. Como resultado, estamos experimentando o fim do Estado-nação. Em seu lugar, estamos testemunhando a ascensão espetacular de uma nova classe de *Elysium* em Esteróides hackeando as fundações em colapso do sistema capitalista de Roosevelt.

Sufocando a inovação e sequestrando a democracia, grupos como FAANG (Facebook, Amazon, Apple, Netflix e Google) estão se tornando os cartéis mais perigosos do mundo. E com uma capitalização de mercado combinada de cerca de US$ 5 trilhões, eles estão ameaçando os próprios fundamentos da civilização.

FAANGM (Facebook, Amazon, Apple, Netflix, Google e Microsoft) acrescentou um trilhão de dólares em capitalização de mercado apenas neste ano. Isso é mais que todo o valor de mercado do setor de energia S&P 500. Enquanto isso, a economia real está entrando em colapso. Ao mesmo tempo que *Wall Street* e os *Tech-Titans* estavam experimentando a explosão de suas vidas, a miséria se instalou na *Main Street*, visto que esta viu o seu pior trimestre em pelo menos 145 anos.

Um quarto dos cidadãos do mundo são usuários ativos do Facebook. É discutível se eles conseguiram até mesmo eleger o último presidente dos Estados Unidos. Em um memorando, o vice-presidente do Facebook, Andrew Bosworth, escreveu que o uso das ferramentas de publicidade do Facebook pela Campanha Trump foi responsável pela vitória de Donald Trump na eleição presidencial de 2016[40]. Pode até acontecer de novo. Será interessante ver o destino do dólar americano quando o Facebook colonizar seus cidadãos com sua Libra Electro-Dollar (criptomoeda).

"Sem discurso civil, sem cooperação; desinformação, mentira. E não é um problema americano - não se trata de anúncios russos. Este é um problema global. Acho que criamos ferramentas que estão destruindo o tecido social de como a sociedade funciona. Os ciclos de feedback de curto prazo movidos pela dopamina que criamos, estão destruindo o funcionamento da sociedade. Você está sendo programado.

"Eu sinto uma culpa tremenda. No fundo, nos recônditos de nossas mentes, nós até que sabíamos que algo ruim poderia acontecer".

———— Chamath Palihapitiya ————
(Investidor bilionário e o primeiro Vice-presidente
de crescimento de usuários do Facebook)

Viva la Wall Street!

Era uma vez, Nova York era o centro financeiro mundial porque os Estados Unidos estavam economicamente no topo do mundo. A China criou seu centro de negócios em Xangai e já começou a derrubar a influência dos Estados Unidos. Após atingir o pico no final da década de 1990, o número de empresas americanas com ações negociadas na bolsa diminuiu continuamente. Graças ao private equity, fusões e aquisições, bem como saídas de capital, encolheu de mais de 7.000 empresas para menos de 3.000. Enquanto isso, o mercado acionário chinês cresceu de zero para cerca de 4.000 empresas, além das 2.500 empresas listadas em Hong Kong.

" Temos que estar atentos às empresas chinesas, parcialmente apoiadas por fundos estatais,
estão cada vez mais tentando comprar empresas europeias que estão baratas para adquirir ou que entraram em dificuldades econômicas devido à crise do coronavírus...

A China será nosso maior competidor no futuro, em termos econômicos, sociais e políticos...

Eu vejo a China como o competidor estratégico da Europa, que representa um modelo autoritário de sociedade, que quer expandir seu poder e substituir os Estados Unidos como uma potência líder...

A União Europeia, portanto, deve reagir de forma coordenada e acabar com o ' tour de compras na China.'"

Manfred Weber,
(Chefe do Grupo PPE no Parlamento da EU (NPR News 5-17-20)

Em outros tempos, por volta de 1960, a economia dos EUA representava cerca de 40% do PIB mundial. Infelizmente, como vimos, caiu para menos de 15% em PPC. Enquanto isso, o PIB da China está crescendo, com mais de 20% do PIB mundial atualmente. Nossa ganância tola e extrema dissipou nossa boa vontade. Se não nos unirmos, e rapidamente, nossos dias de Império e Empresa estão contados - especialmente considerando que controlamos 79,5% de todo o comércio mundial graças ao nosso status de moeda de reserva (o dólar americano).[41]

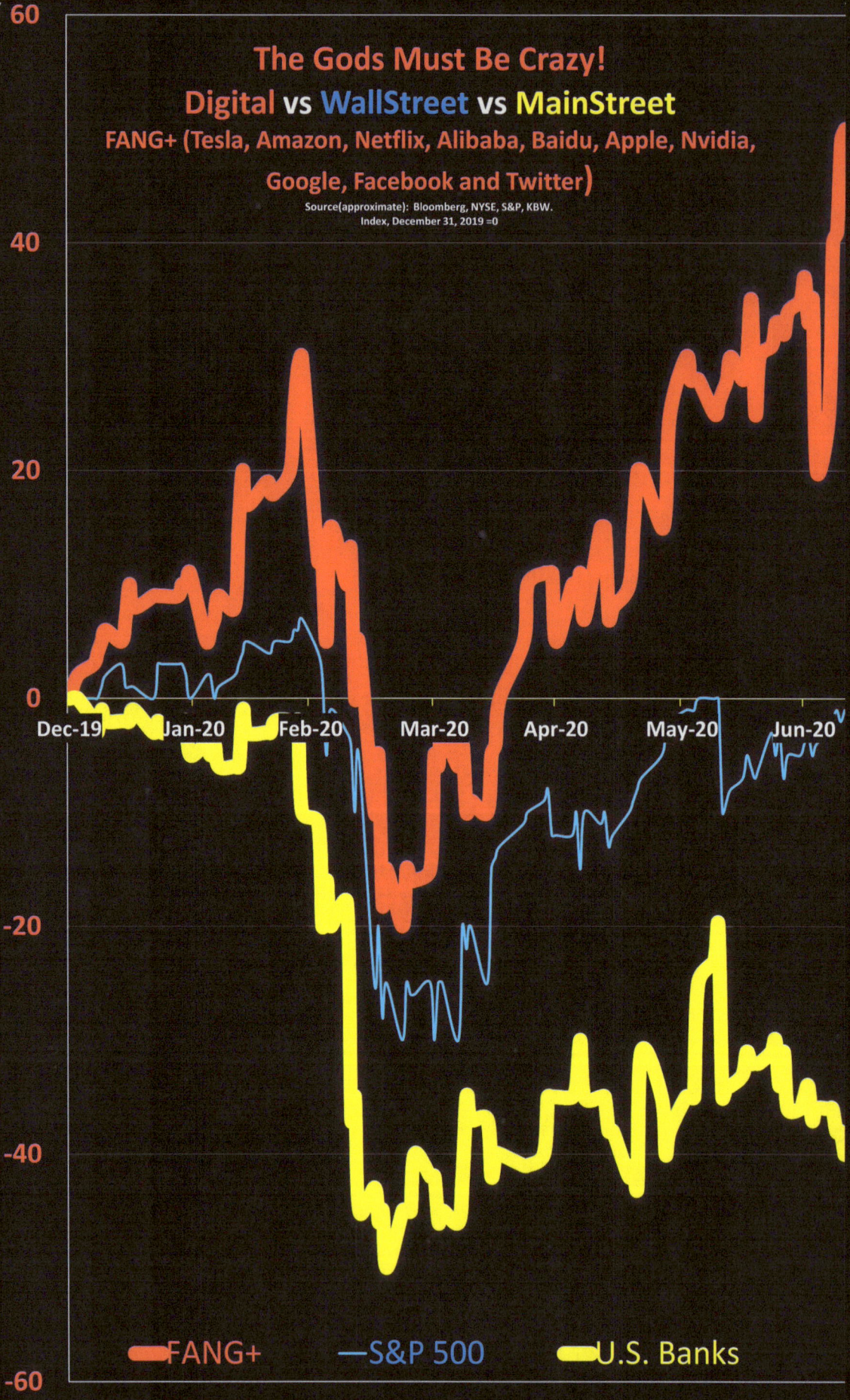

The Gods Must Be Crazy!
Digital vs WallStreet vs MainStreet
FANG+ (Tesla, Amazon, Netflix, Alibaba, Baidu, Apple, Nvidia, Google, Facebook and Twitter)

Source(approximate): Bloomberg, NYSE, S&P, KBW.
Index, December 31, 2019 =0

FANG+ ——S&P 500 ——U.S. Banks

The Gods Must Be Crazy!
Real Gross Domestic Product
Source: U.S. Bureau of Economic Analysis(FRED, Q2 2020)

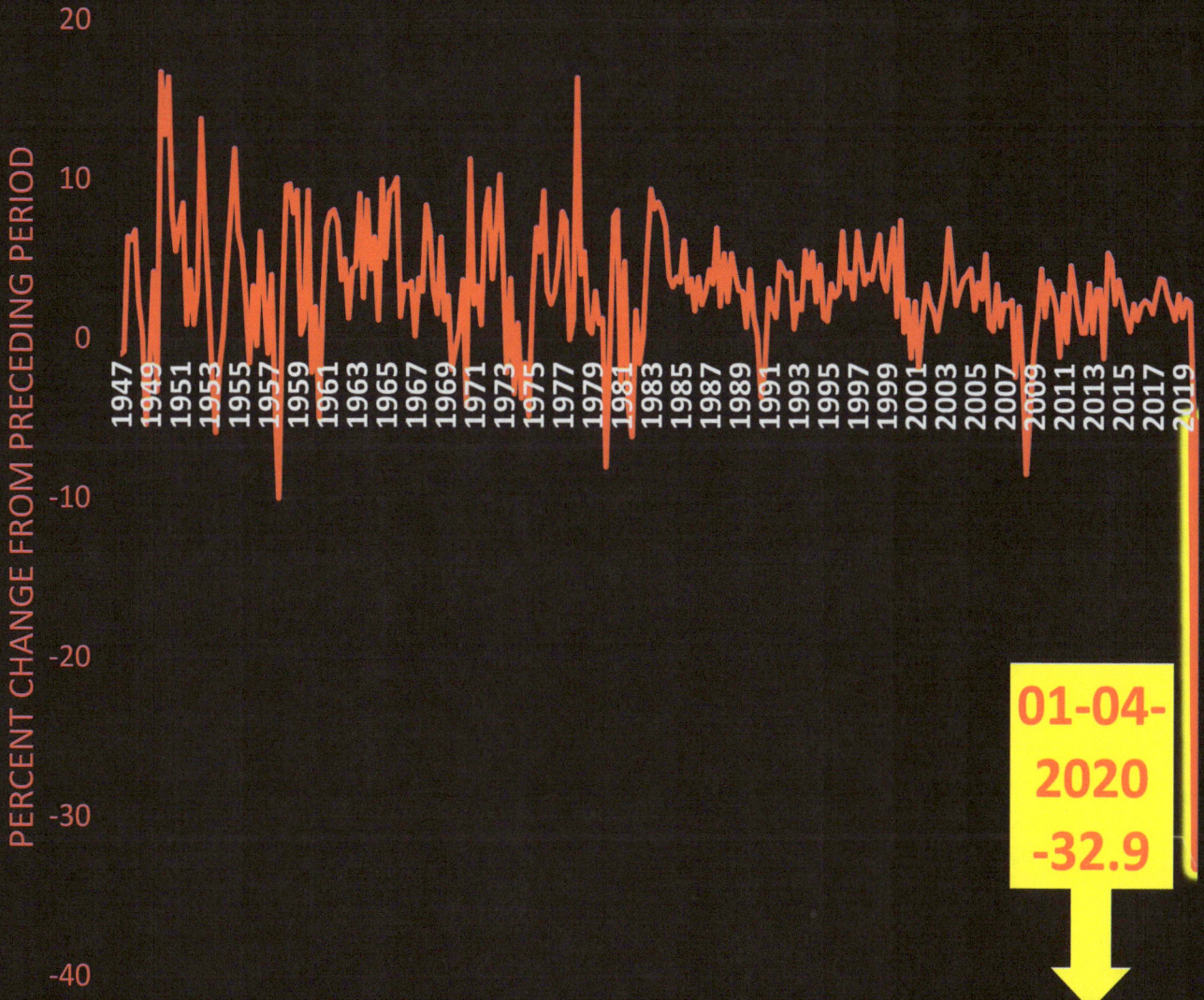

PERCENT CHANGE FROM PRECEDING PERIOD

01-04-2020 -32.9

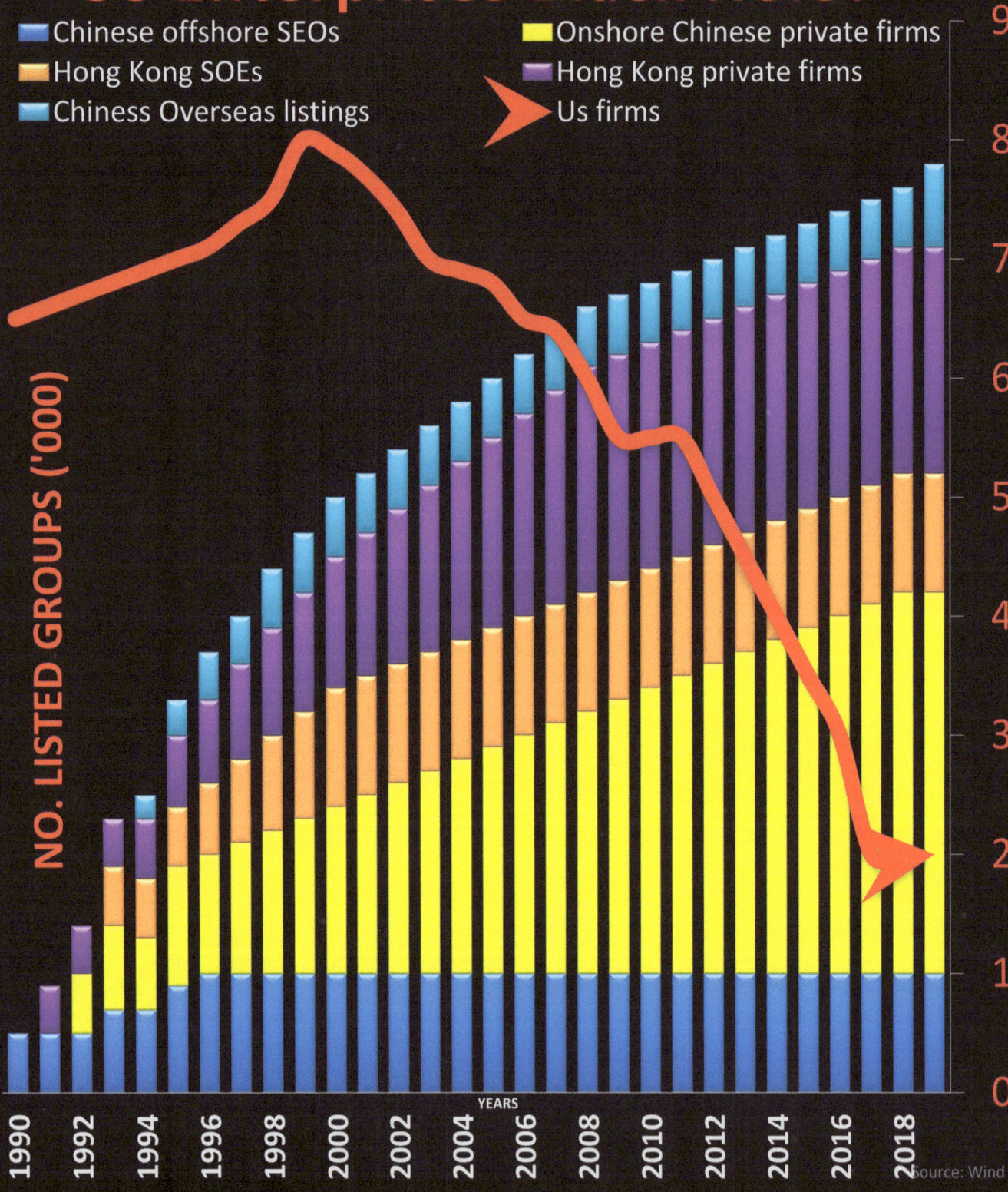

The Gods Must be Crazy!
Catacomb of Capitalism?
US Enterprises Black Hole?

Chinese offshore SEOs
Hong Kong SOEs
Chiness Overseas listings
Onshore Chinese private firms
Hong Kong private firms
Us firms

NO. LISTED GROUPS ('000)

YEARS

1990 1992 1994 1996 1998 2000 2002 2004 2006 2008 2010 2012 2014 2016 2018

Source: Wind

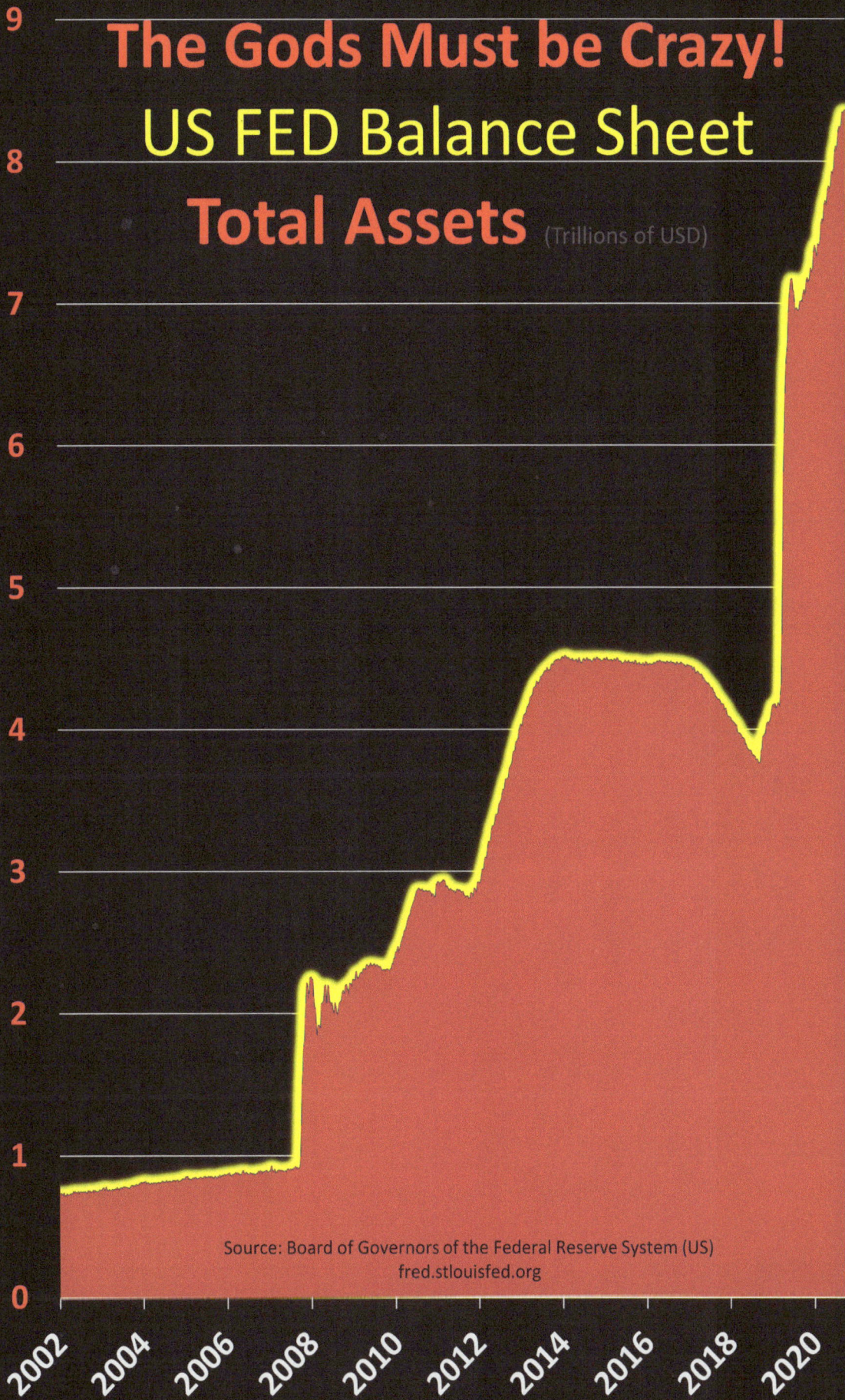

The Gods Must be Crazy!
US FED Balance Sheet
Total Assets (Trillions of USD)

Source: Board of Governors of the Federal Reserve System (US)
fred.stlouisfed.org

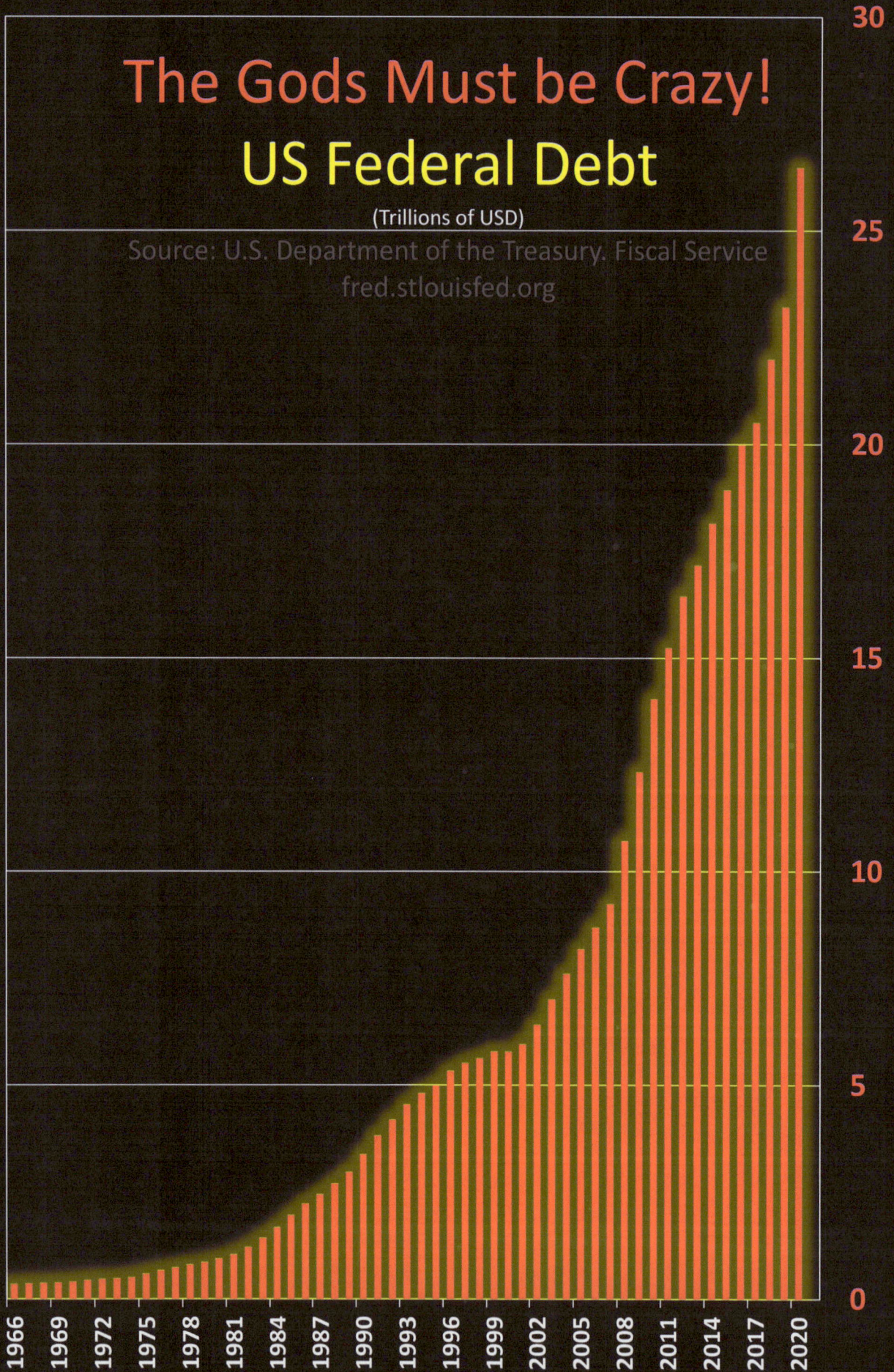

The Gods Must be Crazy!
US Federal Debt
(Trillions of USD)
Source: U.S. Department of the Treasury, Fiscal Service
fred.stlouisfed.org

O Planeta do Quarto Reich

Em resumo, podemos afirmar que o estado de muitas empresas é semelhante a um grupo de "zumbis Frankenstein" disfuncionais da era da Segunda Guerra Mundial, dirigidos de cima para baixo por um bom e velho clube de rapazes da torre de marfim ocidental. O mundo evoluiu; hoje, a maior parte do crescimento do mercado ocorre onde 96% de 7,8 bilhões de pessoas vivem. Os eruditos da torre de marfim erraram ao olhar apenas para o topo da pirâmide. Precisamos reformular a arquitetura de negócios de uma perspectiva de baixo para cima.

Durante a década de 1990, George Soros quebrou o Banco da Inglaterra por £ 3,3 bilhões[42] e causou a crise financeira asiática com apenas uma fração de sua riqueza[43]. Segundo a Oxfam, a Apple sozinha detém mais de US$ 200 bilhões em fundos offshore, enquanto a reserva de dívidas do Reino Unido é inferior a US$ 180 bilhões. Os Estados Unidos detêm menos de US$ 130 bilhões, enquanto a China está em um pote de mel com mais de US$ 3 trilhões. Como você pode ver no gráfico, o balanço patrimonial do *Federal Reserve* dos EUA quase dobrou em menos de três meses ao adicionar uma dívida de três trilhões de dólares.

Mais cedo ou mais tarde, as galinhas voltarão para o poleiro. Quantos dólares desonestos na dívida de US$ 25 trilhões dos EUA (que inclui as participações da China, Rússia e Arábia Saudita) são necessários para quebrar a Empresa do Capitalismo Ocidental?

Se não arquitetarmos a era digital do século XXII "A Nova Arca Empresarial Normal de Noé", logo estaremos trabalhando como escravos para o *Homem do Castelo Alto*[44], uma reminiscência a do Documentário da Netflix *American Factory*[45]. O Coronavírus pode muito bem se tornar o cavalo de Troia do Quarto Reich.

O ESTADO ATUAL DA EMPRESA

"A raiva pode, com o tempo, transformar-se em alegria; a irritação pode ser seguida pelo contentamento. Mas um reino que uma vez foi destruído, nunca mais pode voltar a existir; nem os mortos podem ser trazidos de volta à vida. Consequentemente, o governante esclarecido é cuidadoso, e o bom general cheio de cautela. Esta é a maneira de manter um país em paz e um exército intacto."

A Arte da Guerra de Sun Tzu (476–221 BC)

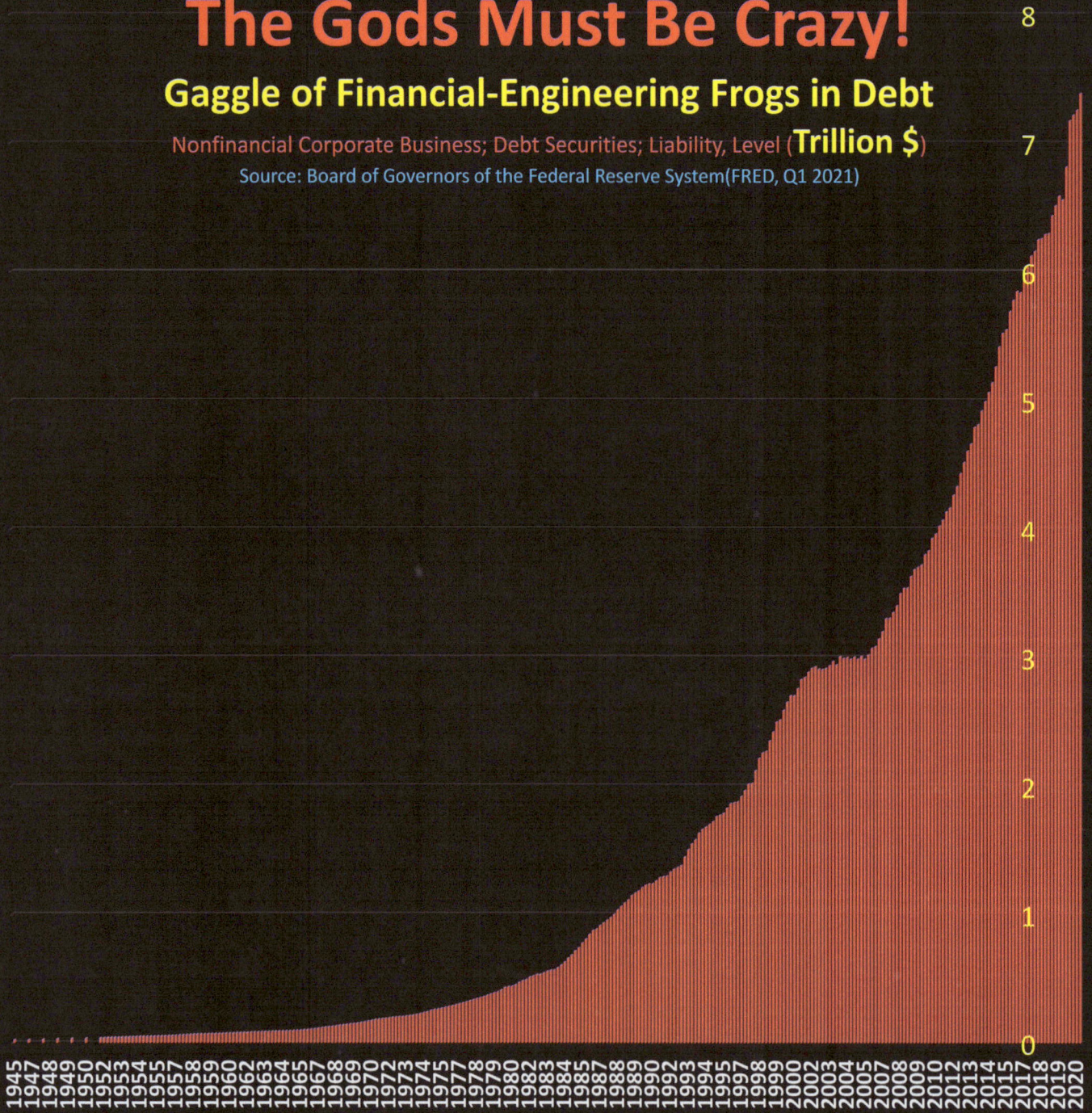

The Gods Must Be Crazy!

Gaggle of Financial-Engineering Frogs in Debt

Nonfinancial Corporate Business; Debt Securities; Liability, Level (**Trillion $**)
Source: Board of Governors of the Federal Reserve System(FRED, Q1 2021)

"Alice: Would you tell me, please, which way I ought to go from here?
CAT: THAT DEPENDS A GOOD DEAL ON WHERE YOU WANT TO GET TO.
Alice: I don't much care where.
CAT: THEN IT DOESN'T MUCH MATTER WHICH WAY YOU GO "
— Alice in Wonderland

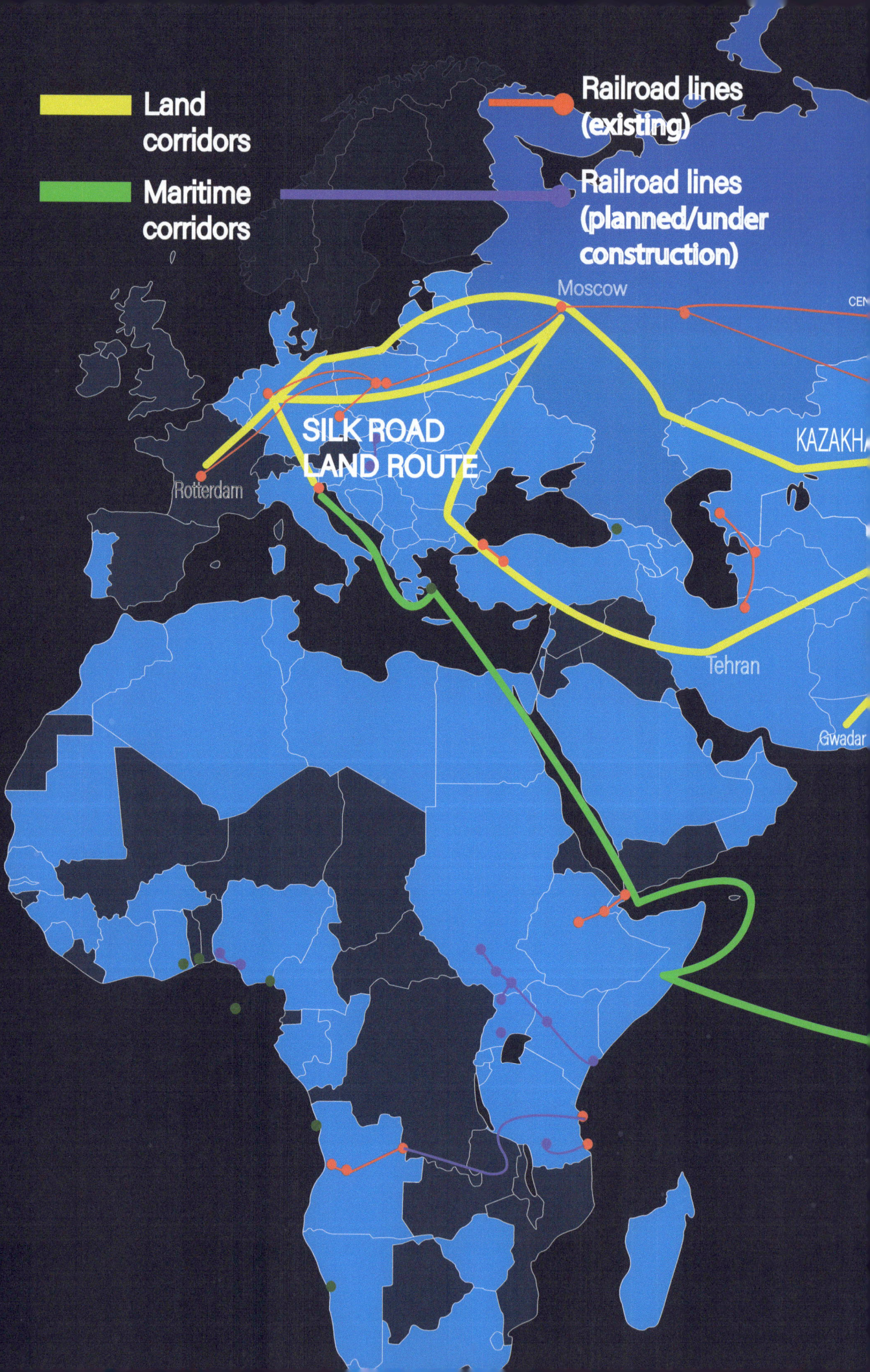

Ports with Chinese engagement (existing)

Ports with Chinese engagement (planned/under construction)

RUSSIA

XINJIANG REGION

Mongolia

Almaty

CHINA

Xian

INDIA

Kolkata

MYANMAR

Kuala Lumpur

SILK ROAD SEA ROUTE

As of 2013, 82% of China's oil imports and 20% of its gas imports pass through the Strait of Malacca

Em resumo, o estado atual das Empresas é como uma manada de remendos disfuncionais de mortos-vivos da era da Segunda Guerra Mundial. Elas são governadas por uma gangue do *Good Old Boys Club* de cima para baixo, a partir de uma torre de marfim ocidental. Infelizmente, o mundo mudou e hoje, como mencionado anteriormente, a maior parte do crescimento do mercado é onde vivem 96% dos 7,8 bilhões de pessoas. Temos uma participação mínima e pouco conhecimento da situação, da qual a China está se aproveitando com a colonização econômica e digital. Precisamos reformular a arquitetura da empresa a partir da perspectiva de baixo para cima. Os queridos líderes dos salões da IVY erraram ao olhar apenas para o topo da pirâmide. Como exemplo (com base na minha experiência):

★ Os chamados vendedores de ÓLEO DE COBRA[46] criam hoje mais de 75% das Estruturas Corporativas Típicas. Muitos são, em sua maioria, um bando de sapos no poço que as projetaram em fundações insensatas e baratas. Eles estão apodrecidos com egos políticos direcionados para finanças/negócios, TI, parceiros de implementação, fornecedores *offshore, Big 4 PPTs*, ...

★ Quanto maior a fortuna (o tamanho da empresa), menos desejável é a empresa

★ Mais de 75% das implementações corporativas típicas estão *deterioradas*.

★ Mais de 75% dos sobreviventes típicos das empresas são zumbis Frankenstein disfuncionais de M&A, fusões invertidas, inversão, TESCM, BPO, transformações, demissões, terceirização e outros modos de engenharia financeira excessiva.

★ Mais de 75% da arquitetura para empresas típicas é anterior à era da *World Wide Web* (WWW) - em outras palavras, essa arquitetura não corresponde à era digital. TI, contabilidade tradicional e a maioria das funções de negócios (especialmente repetitivas) estão à beira da automação por AI *BOTs* na nuvem. Os sistemas de TI / Negócios irão evoluir de Transacional -> Operacional -> Análise preditiva AI BOTs (automação robótica na nuvem).

A China gasta trilhões de dólares apoiando as suas quase-empresas e já ultrapassou amplamente suas metas de 2025 estabelecidas pelo PCC (Partido Comunista da China) em 2015. Eles já eliminaram impiedosamente seus concorrentes ocidentais em produtos e serviços de maior valor, tais como 5G, infraestrutura de tecnologia, aeroespacial e semicondutores. Eles alcançaram a independência de fornecedores estrangeiros para tais produtos e serviços.

Agora, a arquitetura pré-WWW (World Wide Web) da empresa ocidental é pesada e desatualizada. Ela perdeu sua resiliência e não pode competir com as empresas do oriente. Hoje, enfrentamos esses desafios por causa do sistema corrupto em Washington DC, do *Private Equity* de Gordon Gekko, dos invasores corporativos (alguns financiados por chineses), dos algoritmos de *Wall Street* movidos pelo *Twitter*, e da excessiva manipulação financeira resultante.

Nossos líderes se desconectaram da realidade. Morando em seus templos primitivos de capitalismo fraudulento, eles planejam esquemas financeiros. Nos últimos dez anos, o mercado de ações disparou mais de 250% sem nenhum crescimento produtivo, e a engenharia financeira abusou do excelente balanço patrimonial. Eles têm sacudido os próprios alicerces do capitalismo.

> *"Em um cenário de desaceleração econômica, tão grave quanto metade da crise financeira global, a dívida corporativa em risco de inadimplência (dívida contraída por empresas que são incapazes de cobrir suas despesas de juros com seus ganhos) pode subir para US$ 19 trilhões - ou quase 40 por cento da dívida corporativa total nas principais economias - acima dos níveis de crise."*

— Relatório de Estabilidade Financeira Global, FMI(2019)[47] —

Muitas das grandes empresas de hoje são sobretudo conglomerados mortos-vivos de Fusões e Aquisições, Fusões Reversas, Inversão, TESCM, BPO, Transformações, Demissões, Terceirização e outros modos de engenharia financeira excessiva. A maior parte dessas empresas selará seu próprio destino nas mãos de abutres de propriedade intelectual (PI) chineses, como se verifica no gráfico abaixo:

> *" Temos que ver que as empresas chinesas, em parte com o apoio de fundos estatais, tentam cada vez mais comprar empresas europeias, que estão a baixo preço ou que entraram em dificuldades econômicas devido à crise do coronavírus ... A China será nosso maior competidor no futuro, em termos econômicos, sociais e políticos...*
>
> *Vejo a China como o competidor estratégico da Europa, que representa um modelo autoritário de sociedade, que quer expandir seu poder e substituir os Estados Unidos como a potência lider...*
>
> *A União Europeia, portanto, deve reagir de forma coordenada e pôr fim ao "tour de compras chinês".*

— Manfred Weber —
(Chefe do Grupo PPE no Parlamento da UE(NPR News 17-05-20))

The Gods Must be Crazy!
Typical Empire Rise & Fall

Excessive Financial Engineering

Resilience Engineering

Penny-Wise, Pound-Foolish Accounting

Executive Pay on Short-Termism

BIG4 Consultants
PRICE2/PMBOK/SCRUM

BPR
Benchmarking

Contract MFG

Transformation

Layoffs

IP Vultures (CHINA)

TQM/ISO

Cost Cutting (Especially R&D)

SIX SIGMA

Business Process Outsourcing (BPO)
Transfer Pricing, Reverse Mergers, etc.
TAX Effective Supply Chain Management

Restructuring

"Quick wins", "Low-hanging fruit",
"Delta", "Lean", etc.

Stock Buyback

PE Leveraged Buyout

Chapter 11

IPO (Wall Street)

2ⁿᵈ GEN Entrepreneur

1ˢᵗ GEN Entrepreneur

Entrepreneurs

Time

www.ERM.Materials.com

Ai Ai Ai! Estamos no Meio da Nova Ordem Mundial!

OS DEUSES DEVEM ESTAR LOUCOS![48]

A MINHA JORNADA DESDE A TERRA DOS COMUNISTAS PARA O EPÍTOME DO CAPITALISMO

"Conhecer o inimigo permite que você tome a ofensiva, conhecer a si mesmo permite que você fique na defensiva". Ele acrescenta: "O ataque é o segredo da defesa; a defesa é o planejamento de um ataque".

A Arte da Guerra de Sun Tzu *(476–221 BC)*

Deixe-me confessar; sou um *cowboy* capitalista pródigo, filho de pais socialistas do próprio país de Deus, em Kerala, Índia. Graças às escolas católicas, dirigidas por missionários trazidos por nossos colonizadores europeus, os comunistas foram eleitos democraticamente por mais de meio século em Kerala, com Marx, Lenin, Stalin e Che sendo adorados por nosso povo como super deuses. Apesar de pertencermos à classe média, meus pais, que eram professores, nunca tiveram o luxo de tirar férias naquela época, então eu passei a maior parte das férias escolares na biblioteca da faculdade de meu pai lendo diários de viagem ocidentais.

Não tínhamos TV em casa, e o único filme que eles me levaram ao cinema para ver foi Gandhi. Ironicamente, acabei me tornando um arquiteto global de EPM no *showbusiness* nº 1 do mundo, *AMC Theatres*, de propriedade do ex-homem mais rico da China. Como resultado da minha libertação, ou talvez como um ato de vingança, nas últimas duas décadas, esbanjei o dinheiro que minha esposa trabalhadora ganhou perseguindo pássaros e brandindo minha câmera nas florestas globais em 20 países. Graças ao *GIFT programa chinês de liderança executiva*[49] (https://global-inst.com/learn/) nos campos de extermínio do Camboja[50], encontrei consolo percorrendo as selvas de Chiangmai-Chiangrai, Laos e Mianmar em busca de vinho de cobra[51]. Enquanto o bebia, eu me perguntava, como esses países tão ricos em recursos são tão pobres? (Segundo a pesquisa de Hernando de Soto, esses países têm mais riqueza do que os 12 principais mercados de ações ocidentais combinados). No entanto, esses países são economicamente colonizados pela China e imploram a instituições de caridade ocidentais que tentam limpar sua culpa.

Na era do "Novo Normal", em que o mundo está perdendo a confiança em uma impressora de moeda governamental não regulamentada que distribui dinheiro de Helicóptero (flexibilização quantitativa (QE)[52], ironicamente, um metal amarelo inútil (ouro) está novamente se tornando o padrão ouro para a riqueza das nações e dos ricos imundos. Por mais de um século, os Estados Unidos absorveram a maior parte da reserva declarada de ouro do mundo, cerca de 8.000 toneladas métricas. Atrás deles, a velha guarda europeia juntos detinham outras 10.000 toneladas. Acredite ou não, de acordo com o World Gold Council (WGC), as mulheres indianas mais pobres entre as pobres estão escondendo ilegalmente mais de 25.000 toneladas do mesmo metal amarelo inútil sob seus colchões (uma economia subterrânea). Em busca de respostas para *O mistério do capital*, tornei-me o adorador do vodu Hernando de Soto e de seu livro *O Mistério do Capital: por que o capitalismo triunfa no ocidente e falha em todos os outros lugares.*

Deixe-me compartilhar algumas de minhas experiências pessoais sobre este mistério. Meus pais levaram quase três décadas para construir sua casa, após economizar 97% do custo de construção. Demorou mais uma década para pagar os 3% restantes a uma taxa de juros de 30% dos agiotas. Sendo um *cowboy* capitalista pródigo, quase não economizei dinheiro até o momento. Para ser franco, tive pouca fé naquele pedaço de papel sem sentido que diz *In God We Trust (Em Deus Nós Confiamos)*.

*"A hora do maior triunfo do capitalismo
é a sua hora de crise."*

—————————— Hernando de Soto ——————————
(O mistério do Capital: Porque o Capitalismo Triunfa
no Ocidente e Falha em Todos os Outros Lugares)

Enquanto todos estavam se desalavancando durante o Tsunami econômico de 2008, eu me tornei a quintessência de Gordon Gekko buscando alavancar o capitalismo. Consegui abocanhar duas propriedades icônicas na América do Norte (avaliadas em mais de um milhão de dólares), em rápida sucessão (em dois anos). Eu peguei um empréstimo hipotecário de 97% e, em alguns meses, refinanciei-o e consegui levantar mais de 1000% de adiantamento para um empréstimo doce de 30 anos a uma taxa de juros de cerca 3%.

Contra a sabedoria convencional, também calculei as apostas nos mercados internacionais e nas águas enlameadas da moeda, que pagaram exponencialmente. Visitei a China também algumas vezes (além do meu *GIFT - programa de liderança executivo chinês* (https://global-inst.com/learn/), eu costumava ser responsável pelo PMI da China como mentor regional asiático do PMI também). Eu capitalizei no mercado explosivo de Engenharia Financeira Extrema e reencarnei em uma carreira de EPM após o tsunami econômico de 2008, terminando no mundo do BIG4. Quanto mais eu olhava para o mundo das finanças no Ocidente, mais desiludido ficava.

Os "cupins" da Engenharia Financeira infestaram a estrutura principal do capitalismo ocidental construído por Roosevelt. Agora, ele está desmoronando como um castelo de cartas. O autoritarismo comunista (do ORIENTE) está colonizando economicamente o mundo através da diplomacia de armadilha de dívidas. Após duas décadas, parece que vou precisar cavalgar de volta por aquela estrada da fúria do Mad Max e escalar os escombros capitalistas do legado de Roosevel.

Ai Ai Ai! Estamos no Meio da Nova Ordem Mundial!

A NOVA ORDEM MUNDIAL

> "Toda guerra é baseada no engano. Portanto, quando somos capazes de atacar, devemos parecer incapazes; ao usar nossas forças, devemos parecer inativos; quando estamos perto, devemos fazer o inimigo acreditar que estamos longe; quando longe, devemos fazê-lo acreditar que estamos perto".
>
> A Arte da Guerra de Sun Tzu (476–221 BC)

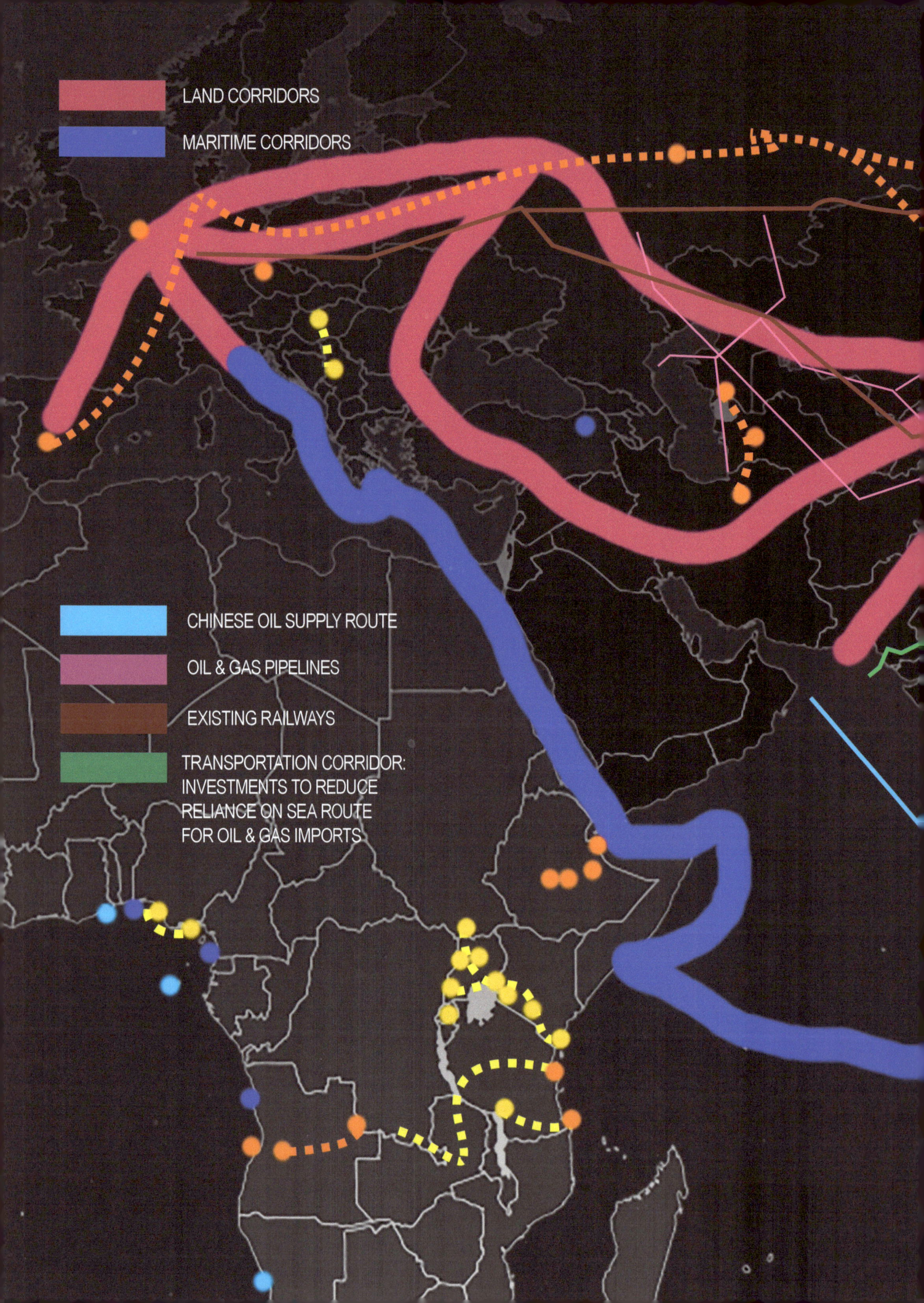

LAND CORRIDORS

MARITIME CORRIDORS

CHINESE OIL SUPPLY ROUTE

OIL & GAS PIPELINES

EXISTING RAILWAYS

TRANSPORTATION CORRIDOR:
INVESTMENTS TO REDUCE
RELIANCE ON SEA ROUTE
FOR OIL & GAS IMPORTS

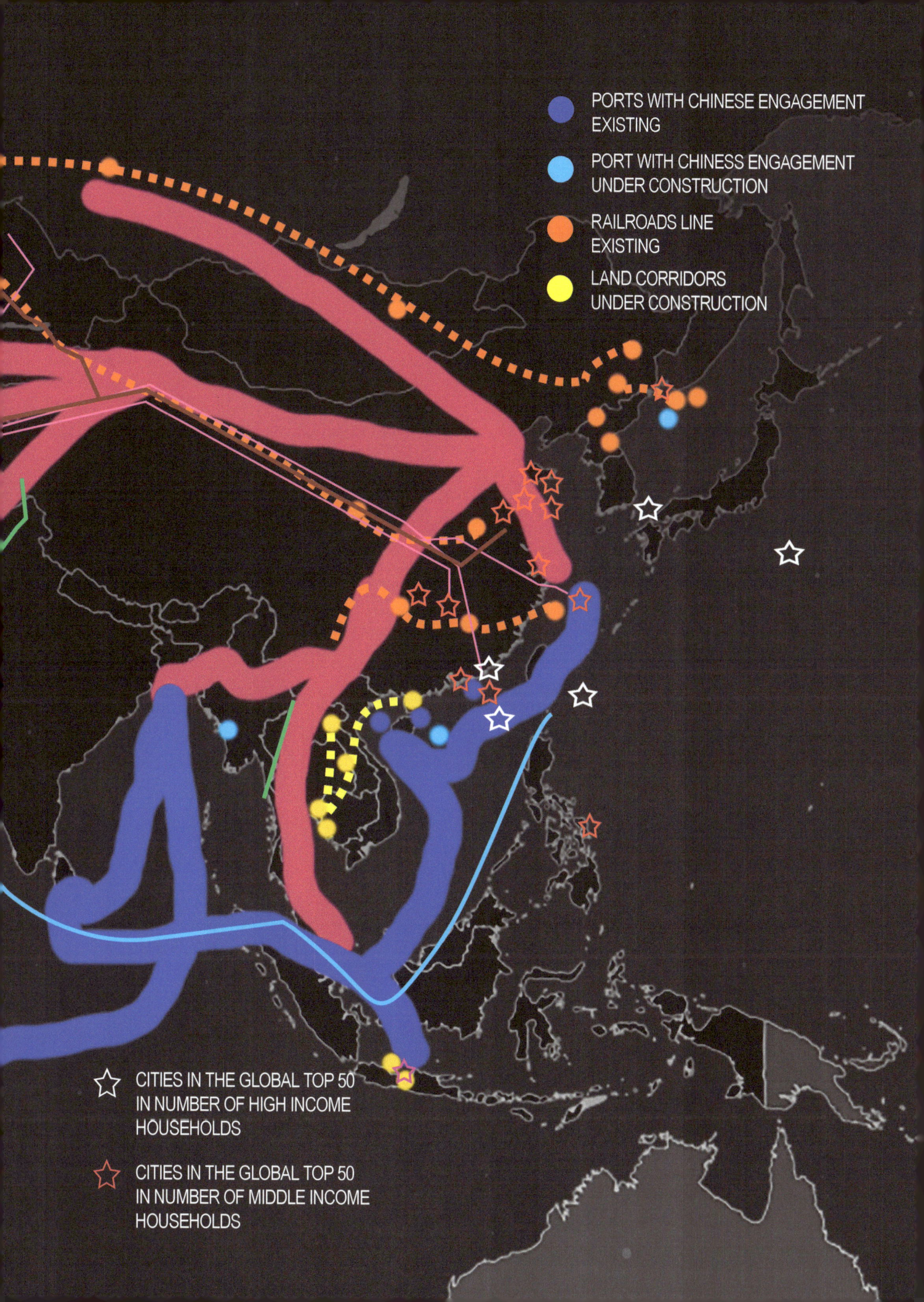

PORTS WITH CHINESE ENGAGEMENT
EXISTING

PORT WITH CHINESS ENGAGEMENT
UNDER CONSTRUCTION

RAILROADS LINE
EXISTING

LAND CORRIDORS
UNDER CONSTRUCTION

CITIES IN THE GLOBAL TOP 50
IN NUMBER OF HIGH INCOME
HOUSEHOLDS

CITIES IN THE GLOBAL TOP 50
IN NUMBER OF MIDDLE INCOME
HOUSEHOLDS

Enquanto me afundava devido à COVID, tive a oportunidade de analisar como me encontrava no epítome do capitalismo. Graças aos Roosevelts, nós, os EUA, nos tornamos um império excepcional no globo há um século. Infelizmente, parece que o queijo agora voltou para onde eu vim (o Oriente).

Eu entendo como e quando os Impérios sobem e descem. Por exemplo, as empresas mais proeminentes até hoje são a Companhia Holandesa das Índias Orientais do século XVII (cerca de US$ 10 trilhões) e a Companhia Britânica das Índias Orientais do século 18 (cerca de US$ 5 trilhões), todas por chicotadas (colonização) e roubando dólares dos meus antepassados. Essas empresas e impérios duraram cerca de 200 anos cada.

A história instigante de sua ascensão e queda despertou minha curiosidade. Como suas histórias se comparam com as empresas do estado atual dos impérios? Ficou claro que o próximo Imperador autoritário está batendo em nossa porta para mais uma vez nos colonizar econômica (e digitalmente), à semelhança do que aconteceu com meus avós. Na era pós-COVID, onde a China se encontra em um curso extremamente acelerado, temo que estejamos condenados a cair como uma faca. De olho na história sangrenta, não posso deixar de me perguntar que tipo de 'Novo Normal' está à nossa frente.

The Gods Must be Crazy!

The Phoenix: Fall & Rise

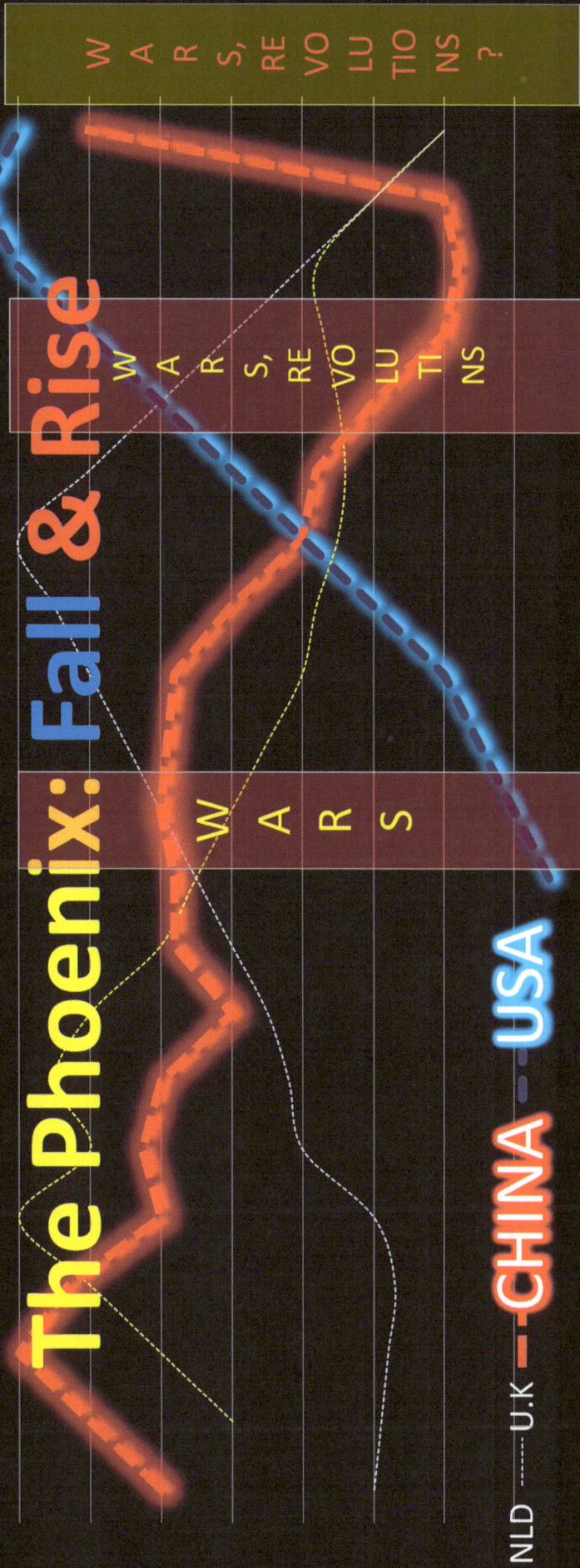

WARS, REVOLUTIONS?

WARS, REVOLUTIONS

WARS

Adapted Source Data: The Changing World Order by Ray Dalio

YEAR

1500 1525 1550 1575 1600 1625 1650 1675 1700 1725 1750 1775 1800 1825 1850 1875 1900 1925 1950 1975 2000

NLD ---- U.K — CHINA — USA

Ai Ai Ai! Estamos no Meio da Nova Ordem Mundial!

Ai Ai Ai! Estamos no Meio da Nova Ordem Mundial!

$INDU Dow Jones Industrial Average INDX

20-Mar-2020

— $INDU (Monthly) 19173.98

Volume 10,806,284,228

Open 25590.51 High 27102.34 Low 18917.46 Close 19173.98 Volume 10.8B Chg -6235.38 (-24.54%) ▼

© StockCharts.com

EPM
(Financial Engineering Era)

Dawn of Systems (IT)
(RIP BrettonWoods Gold Standard)

Origins of Enterprise
(DowJones)

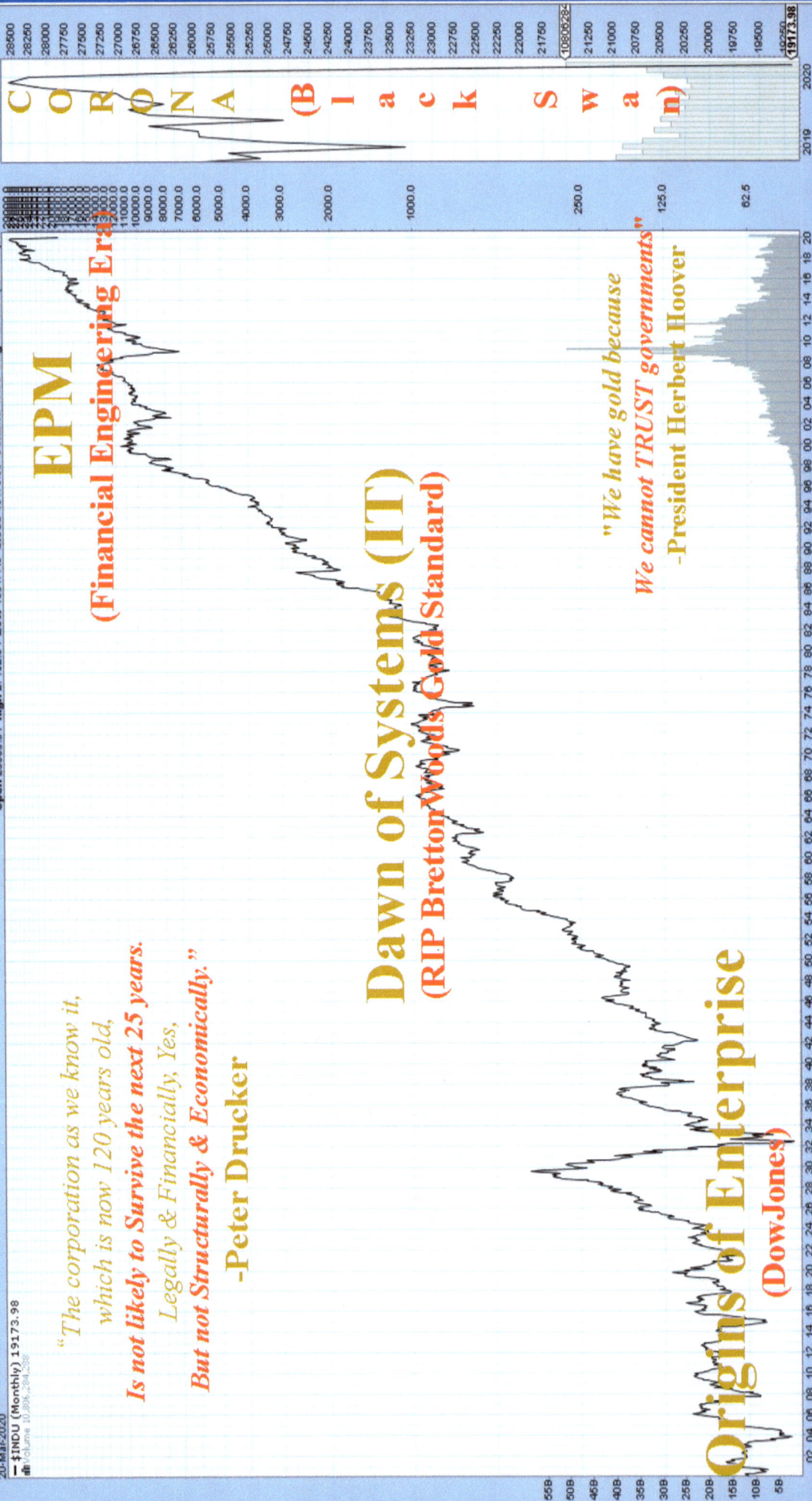

"The corporation as we know it,
which is now 120 years old,
Is not likely to Survive the next 25 years.
Legally & Financially, Yes,
But not Structurally & Economically."
-Peter Drucker

"We have gold because
We cannot TRUST governments"
-President Herbert Hoover

CORONA
(Black Swan)

A NOVA ORDEM EMPRESARIAL

★★

Vou testar minha hipótese usando a previsão do meu amado guru de gestão de MBA feita duas décadas e meia atrás:

"A empresa como a conhecemos, que agora tem 120 anos, não é provável que sobreviva nos próximos 25 anos. Legalmente e financeiramente, sim, Mas não estruturalmente e economicamente".

— Peter Drucker, Circa 2000 —

★★

"Cada reino dividido contra si mesmo será destruído, e nenhuma cidade ou casa dividida contra si mesma permanecerá"
A Arte da Guerra de Sun Tzu (476–221 BC)

Minha hipótese, que desenvolvi desde o último tsunami econômico que gira em torno do índice Dow Jones, é ilustrada abaixo:

Princípios Centrais da Hipótese

A sobrevivência da empresa depende umbilicalmente do sucesso dos ecossistemas ao seu redor. O ecossistema, sem dúvida, depende de seu padrinho, o Império, patrocinador.

Acredito que a sobrevivência do Império padrinho depende de medidas particulares de força, que são.

1. Liderança
2. Educação CTEM (Ciência, Tecnologia, Engenharia e Matemática)
3. Pesquisa e Tecnologia Estratégica
4. Arquitetura da infraestrutura
5. Arquitetura Digital
6. Gestão do Conhecimento
7. Diplomacia
8. Padrão Ouro da Moeda Mundial
9. Electro-Dollar
10. Capital Financeiro
11. Segurança
12. Grandes Estratégias e Regulamentos   Transformativos Digitais

A figura abaixo mostra como a ascensão e a queda de vários Impérios patrocinadores se manifestaram nos últimos quatro séculos.

The Gods Must be Crazy!
Typical Empire Rise & Fall

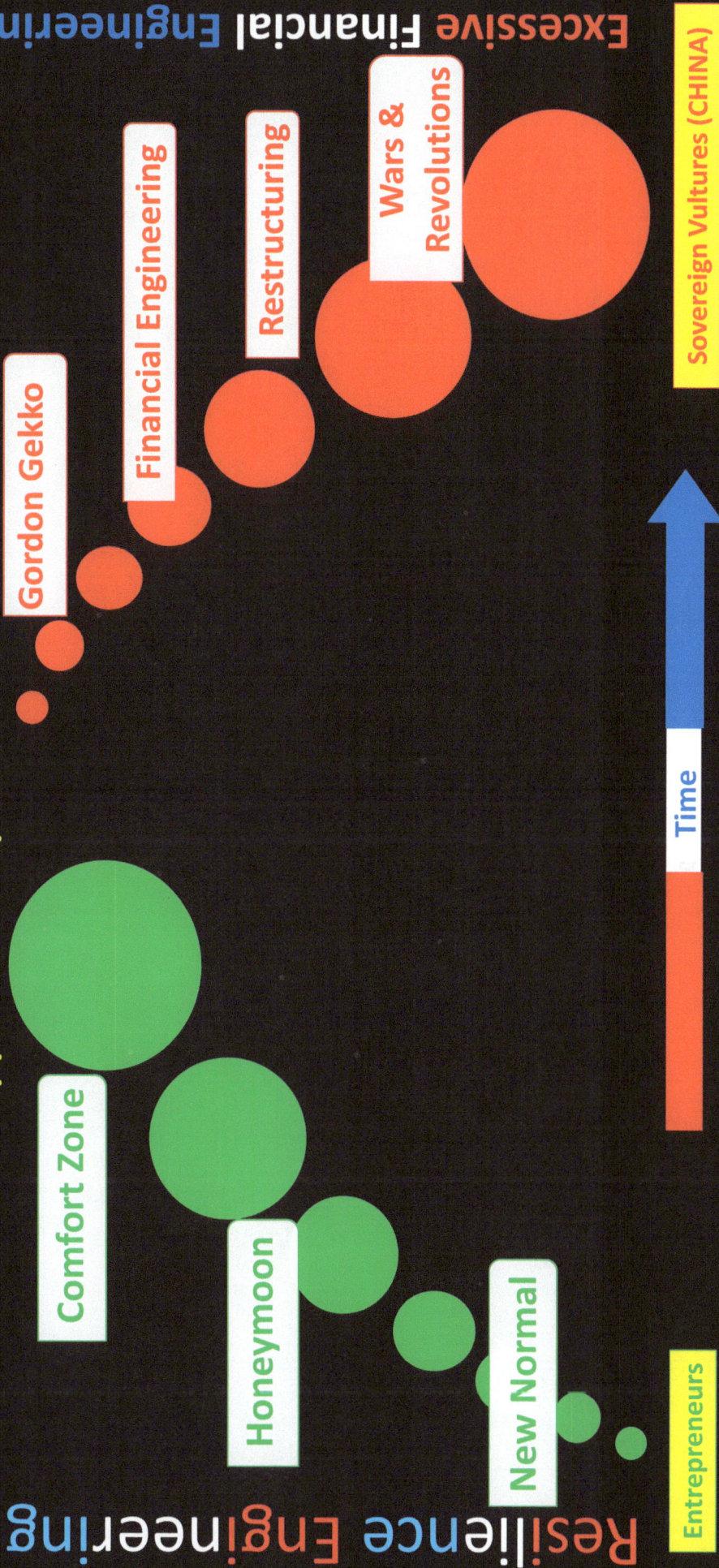

Excessive Financial Engineering

Resilience Engineering

Gordon Gekko

Financial Engineering

Restructuring

Wars & Revolutions

Sovereign Vultures (CHINA)

Comfort Zone

Honeymoon

New Normal

Entrepreneurs

Time

"Considere sua origem. Você não foi formado para viver como brutos, mas para seguir a virtude e o conhecimento."

Dante Alighieri

Ai Ai Ai! Estamos no Meio da Nova Ordem Mundial!

No início de um império, há um período de lua de mel de harmonia tribal e prosperidade. Mas quando esse império cai em sua zona de conforto, ele se torna excessivamente confiante e seu estilo de vida muda. Conforme seu estilo de vida muda, ele se torna ganancioso. A ganância é a base do capitalismo, o que leva a um período de capitalismo alavancado Gordon Gekko[53] (o ícone da ganância extrema no clássico filme vencedor do Oscar "Wall Street"). Essa emoção do passeio da bolha leva a níveis cada vez mais altos de testosterona. Um dia, a bolha estoura, e começamos a distorcer a realidade (engenharia financeira). Distorcer a realidade nos levará a mudanças tectônicas mais significativas e, então, começaremos a cozinhar os livros por meio de flexibilização quantitativa[54]. Finalmente, quando o novo tsunami econômico chegar, haverá guerras e revoluções. Todos os necrófagos se reunirão e decidirão sobre a nova ordem tribal; isso está acontecendo conosco.

Infelizmente, **é intervalo do jogo, América, e nosso segundo tempo está prestes a começar!**[55]

Espero sinceramente que, se nós no Ocidente jogarmos nossos trunfos da maneira certa, **possamos nos destacar também no segundo tempo**.

"Considere sua origem. Você não foi formado para viver como brutos, mas para seguir a virtude e o conhecimento."

— Dante Alighieri —

Temos um dragão formidável que tem sacudido sua garrafa de champanhe nas últimas duas décadas e aguarda impacientemente para estourar a rolha na era pós-COVID. O dragão chinês está em uma trajetória ascendente e estamos caindo rápido, o que só aumenta a ameaça. Acredito sinceramente que podemos pelo menos suavizar a curva de declínio e evitar as transformações catastróficas, se jogarmos nossas cartas da maneira certa.

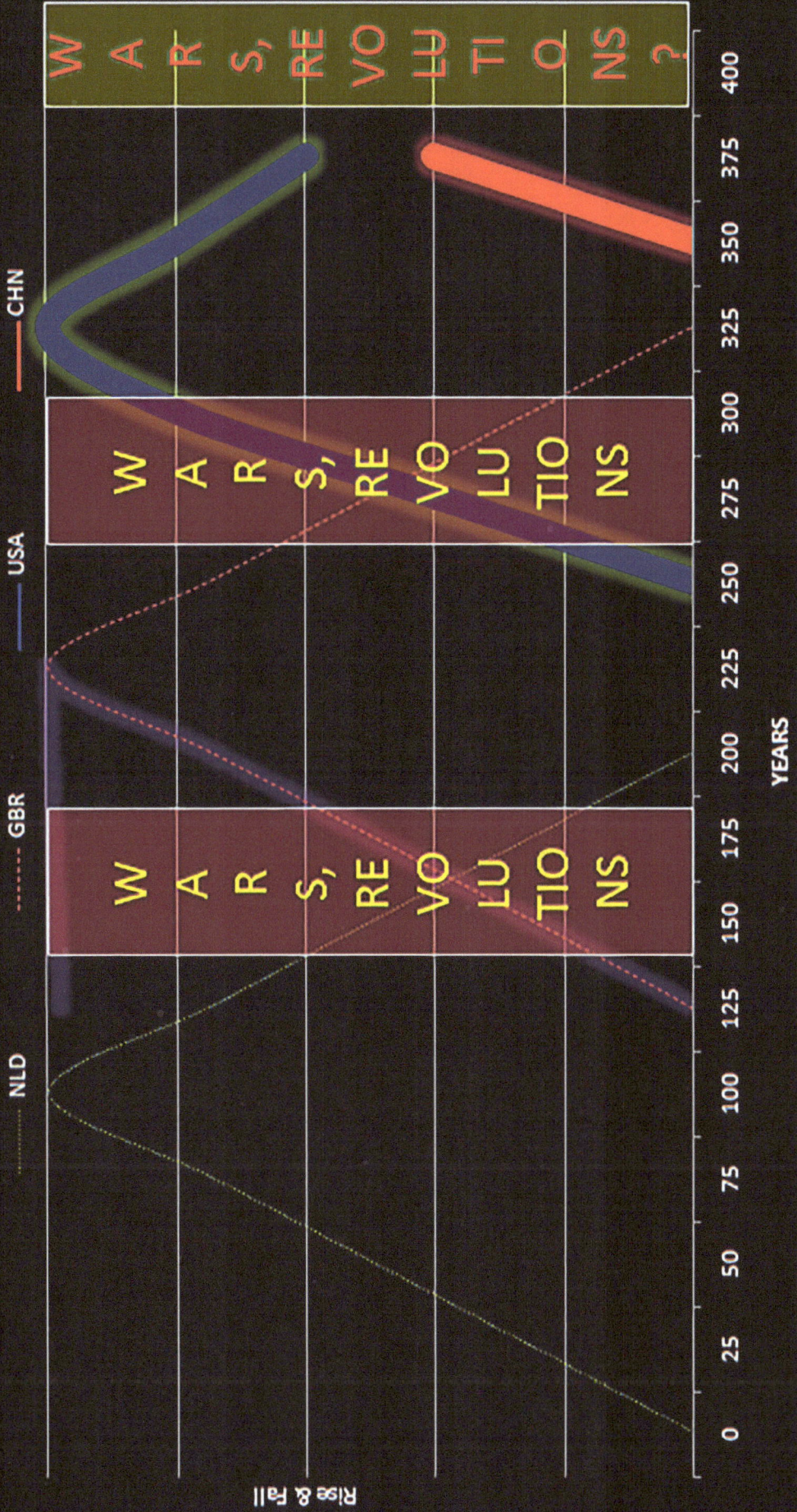

Gods Must be Crazy!
The Rise of the Dragon
Catacomb of Capitalism

NLD ········· GBR - - - - - USA ——— CHN ———

WARS, REVOLUTIONS?

WARS, REVOLUTIONS

WARS, REVOLUTIONS

Rise & Fall

YEARS

0   25   50   75   100   125   150   175   200   225   250   275   300   325   350   375   400

Adapted Source Data: The Changing World Order by Ray Dalio

Ai Ai Ai! Estamos no Meio da Nova Ordem Mundial!

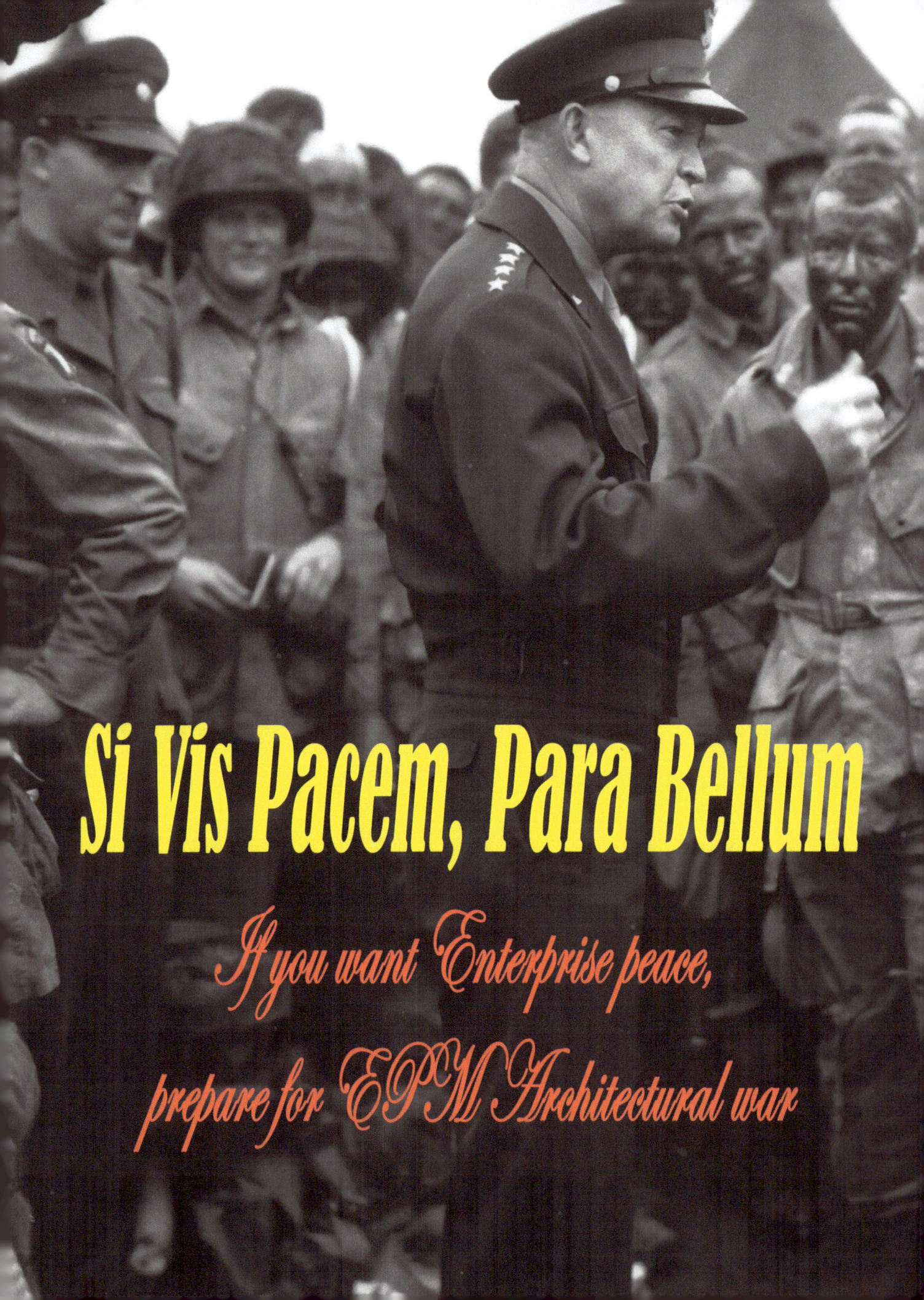

Si Vis Pacem, Para Bellum

If you want Enterprise peace,

prepare for EPM Architectural war

PENSE DIFERENTE

(Modificado da fonte da imagem: fotografia do Exército dos EUA. No. SC 194399)
Dia D: General Eisenhower (presidente dos EUA (1953-1961), comandante supremo das forças aliadas na Europa Ocidental durante a Segunda Guerra Mundia).

"**MARTIN:** *Pequim está sendo muito bem divulgado sobre a ajuda que está fornecendo aos países duramente atingidos pelo coronavírus. Você se preocupa com o fato de a China ter começado a usar o poder suave de uma forma que minará ainda mais a influência dos Estados Unidos no cenário global?*

GATES: Sim. E eles pretendem fazer mais e, o que é pior, temos, como o livro indica, enfraquecido todos os nossos instrumentos de poder, exceto nosso poder militar. E a realidade é que, se tivermos sorte e formos inteligentes, não teremos um conflito militar com a China. Mas o conflito vai acontecer, a rivalidade vai acontecer, em todas essas outras arenas, e é aí que não estamos preparados. E não temos estratégia."

Ex-secretário de Defesa dos EUA, Robert Gates (NPR)

Ai Ai Ai! Estamos no Meio da Nova Ordem Mundial!

Composto por Eleanor Roosevelt, Franklin D. Roosevelt e Teddy Roosevelt (cortesia, Biblioteca Presidencial Franklin D. Roosevelt e Coleção Theodore Roosevelt, Biblioteca Houghton, Universidade de Harvard)

QUEM CONSTRUIU O IMPÉRIO CAPITALISTA DOS EUA?

★ ★

Caberia a nós, neste ponto, examinar as origens do Império Americano. Os presidentes americanos ocupam o cargo mais formidável do mundo e triunfam em um lugar único no epicentro de eventos nacionais e mundiais. Analisei todos os nossos presidentes desde 1900 para descobrir as origens do nosso império. Quem foram os imperadores daqueles bons velhos tempos e quais eram seus princípios orientadores?

"Nunca duvide que um pequeno grupo de cidadões pensativos e comprometidos possam mudar o mundo. Na verdade, é a única coisa que sempre tem mudado."

— Margaret Mead —

★ ★

"Os guerreiros vitoriosos vencem primeiro e depois vão para a guerra, enquanto os guerreiros derrotados vão primeiro para a guerra e depois procuram vencer.."

A Arte da Guerra de Sun Tzu (476–221 BC)

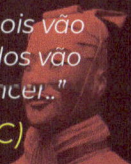

Descobri que as respostas já haviam sido descobertas há um século. O grande Império Capitalista Americano foi arquitetado por Roosevelt na primeira metade do século XX. Como comandante-em--chefe, os presidentes são irrefutavelmente os arquitetos mais importantes da história mundial. Infelizmente, ele foi sistematicamente desmontado e desfeito por meio do Amerixit (uma versão americana do autoproclamado Talaq[56] (divórcio no Islã) do status de superpotência global – semelhante ao Brexit do Reino Unido na UE). Os EUA precisam voltar ao 'Dust Bowl' do qual Roosevelt uma vez resgatou o capitalismo. Os Roosevelts planejaram a estrutura para a paz e prosperidade do semi sesquicentenário do mundo até o fim da Segunda Guerra Mundial. Eles também lançaram as bases para a ONU, OMS, UNESCO, UNICEF, Direitos Humanos e muito mais. Em vez de desmantelar essas instituições e nos levar ao Quarto Reich, precisamos nos esforçar para melhorá-las e torná-las mais robustas.

A economia dos Estados Unidos, que Roosevelt construiu, era cerca de 40% (em 1960) do PIB mundial. Agora é menos de 15% em PPP e está caindo rapidamente. Enquanto isso, a China está acima de 20%[57] e segue a todo vapor. É hora de aprender com os arquitetos originais do capitalismo americano. Devemos nos preparar para a guerra iminente para que possamos reconstruí-lo antes que seja tarde demais.

Precisamos *orar* para trazer de volta o bom e velho "*New Deal*" e os líderes genuínos como os Roosevelts (Theodore, FDR e Eleanor). Eles enfrentaram conflitos semelhantes durante desafiadores momentos históricos há um século atrás, como a Primeira Guerra Mundial, a Gripe Espanhola, a Grande Depressão e a Segunda Guerra Mundial. Devemos procurar nossos trunfos em desvanecimento na tigela de poeira original dos Roosevelts. Esses trunfos eram as *medidas de força*:

(*A lista a seguir apresenta essas medidas, mas elas se adaptaram ao ambiente de hoje*):

1. Liderança
2. Educação CTEM (Ciência, Tecnologia, Engenharia e Matemática)
3. Pesquisa e Tecnologia Estratégica
4. Arquitetura da infraestrutura
5. Arquitetura Digital
6. Gestão do Conhecimento
7. Diplomacia
8. Padrão Ouro da Moeda Mundial
9. Electro-Dollar
10. Capital Financeiro
11. Segurança

The Gods Must be Crazy!

The Rise & Fall Measures of Empires

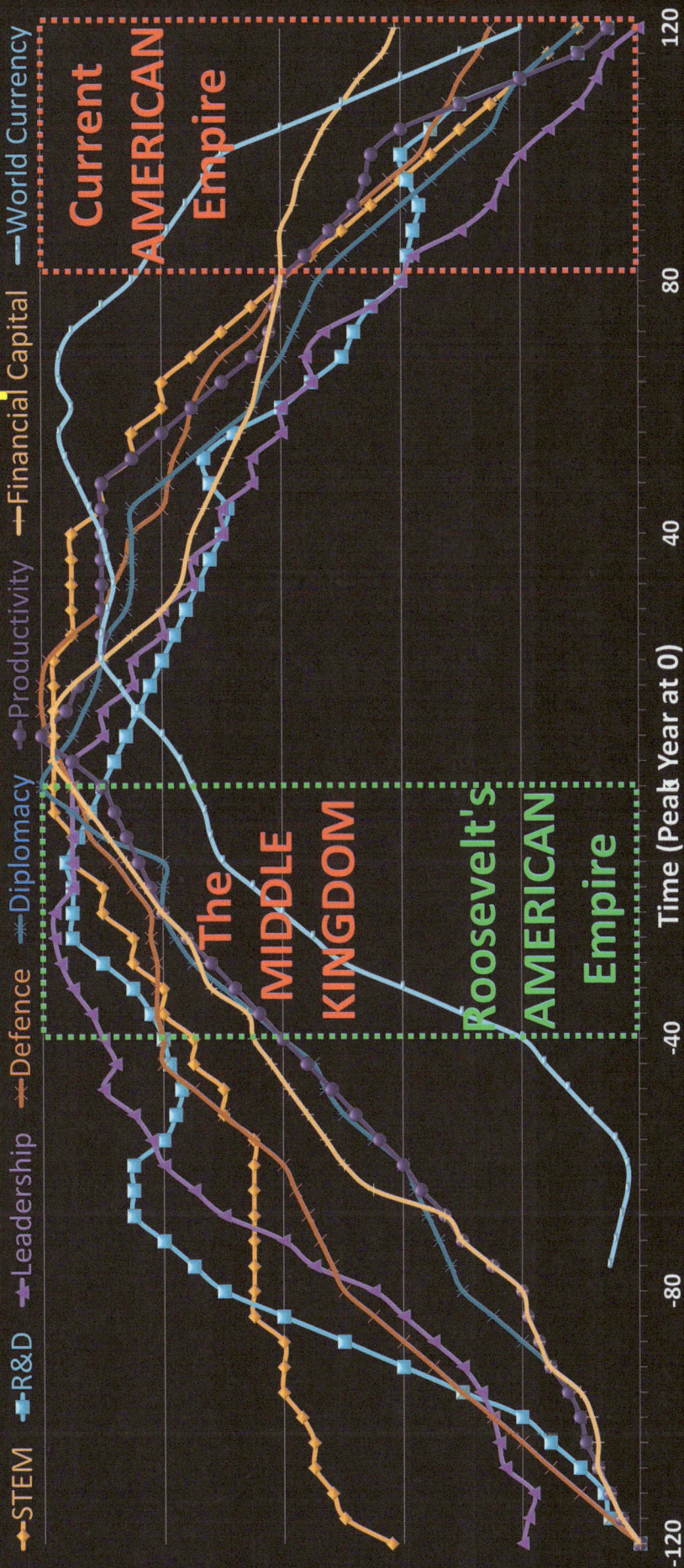

Legend: STEM, R&D, Leadership, Defence, Diplomacy, Productivity, Financial Capital, World Currency

Current AMERICAN Empire

The MIDDLE KINGDOM

Roosevelt's AMERICAN Empire

Time (Peak Year at 0)

www.EPMMavericks.com

Theodore Roosevelt (presidente republicano dos Estados Unidos de 1901 a 1909): *"Entre em ação, faça coisas", era sua atitude em relação a todos os empreendimentos, políticos e outros.*

Theodore Roosevelt foi a pessoa mais jovem a se tornar presidente dos Estados Unidos. Ele foi um pioneiro do movimento progressivo. Theodore lutou por suas políticas nacionais "Negócios Justos", garantindo a igualdade média entre os cidadãos, quebrando monopólios danosos, criando ferrovias e a pureza da comida e dos remédios. Ele fez da conservação natural uma prioridade máxima e estabeleceu muitos novos parques nacionais, florestas e monumentos para preservar os recursos naturais do país.

N que toca à política externa, Roosevelt concentrou-se na América Central, onde começou a construir o Canal do Panamá. Theodore Roosevelt expandiu a Marinha dos Estados Unidos e enviou sua Grande Frota Branca, uma nova Força Naval, em uma turnê mundial para impulsionar o poder marítimo dos Estados Unidos. Os esforços bem-sucedidos de TR para intermediar o fim da Guerra Russo-Japonesa valeram-lhe o Prêmio Nobel da Paz de 1906.

Franklin D. Roosevelt *(quatro mandatos presidente democrata dos Estados Unidos de 1933 até sua morte em 1945):*

Mesmo com a Lei de Produção de Defesa[58], ainda temos problemas para fazer algo tão essencial, mas necessário, como as máscaras faciais na era atual do Coronavírus. FDR administrou o primeiro ano de produção superaquecida do país. A programação ultraprodutiva resultou em 45.000 aeronaves, 45.000 tanques, 20.000 canhões antiaéreos e 8 milhões de toneladas em novos navios.

Apesar de sua paralisante poliomielite aos 39 anos, ele se tornou presidente aos 50. Ele foi nosso inabalável Comandante-em-Chefe que conduziu este país através de duas grandes catástrofes (a Grande Depressão e a Segunda Guerra Mundial). FDR serviu como comandante-chefe por mais tempo do que qualquer outro presidente. Seu legado ainda molda nossa compreensão do papel do governo e da presidência.

As políticas e a personalidade de Franklin D. Roosevelt estabeleceram o padrão ouro para a presidência moderna. Gerando tanto respeito quanto desprezo, FDR exerceu liderança corajosa durante o período mais tumultuado da história da nação desde a Guerra Civil. FDR foi eleito para um recorde de quatro eleições presidenciais e se tornou uma figura central nos eventos globais ao longo da primeira metade do século XX.

Durante o período da Grande Depressão, Roosevelt liderou o governo federal, executando seu programa doméstico do *New Deal* em resposta à pior crise econômica da história dos Estados Unidos. A "rede de segurança" governamental que ele criou seria seu legado mais incrível e uma fonte de controvérsia contínua. Ele é considerado pelos estudiosos como um dos maiores presidentes da nação, depois de George Washington e Abraham Lincoln.

Eleanor Roosevelt

Ela era conhecida como a "Primeira Dama do Mundo". Por mais de trinta anos, Eleanor Roosevelt foi a mulher mais poderosa da América. Milhões a adoravam, mas seu arquivo do FBI era mais grosso do que uma pilha de listas telefônicas. Ela corajosamente falou pelos direitos civis, e o KKK colocou sua cabeça a prêmio.

Satirizada como uma intrometida feia pela mídia, Eleanor ajudou Franklin D. Roosevelt a chegar ao poder e se tornou o seu ativo político mais valioso. Ela manteve-se firme, indiferente aos ataques de escárnio, lutando incansavelmente pela justiça social para todos e assumindo um papel de liderança na Declaração dos Direitos Humanos, marco das Nações Unidas.

FDR entrou na Casa Branca em meio à Grande Depressão, que começou em 1929 e durou aproximadamente uma década. O presidente e o Congresso logo implementaram uma série de iniciativas de recuperação conhecidas como *New Deal* para combater a crise econômica. Eleanor viajou pelos Estados Unidos como a primeira-dama, agindo como os olhos e ouvidos do marido e se reportando a ele. O presidente Harry S. Truman mais tarde a chamou de "Primeira Dama do Mundo" em homenagem às suas conquistas de direitos humanos.

Devemos revisitar nossa doutrina capitalista fundada nos dias de Roosevelt:

"No momento atual da história mundial, quase todas as nações devem escolher entre modos de vida alternativos. Muitas vezes, a escolha não é livre. Um modo de vida é baseado na vontade da maioria e se distingue por instituições livres, governo representativo, eleições livres, garantias de liberdade individual, liberdade de expressão e religião e liberdade contra a opressão política. O segundo modo de vida é baseado na vontade de uma minoria imposta à força sobre a maioria. Depende do terror e da opressão, do controle da imprensa e do rádio, de eleições fixas e da supressão das liberdades pessoais. Acredito que deve ser a política dos Estados Unidos apoiar povos livres que resistem a tentativas de subjugação por minorias armadas ou por pressões externas.

....

As sementes dos regimes totalitários são alimentadas pela miséria e pela carência. Elas se espalham e crescem no solo maligno da pobreza e da contenda. Elas alcançam seu crescimento completo quando a esperança de um povo por uma vida melhor morre. Devemos manter essa esperança viva. Os povos livres do mundo procuram nosso apoio na manutenção de suas liberdades. Se falharmos em nossa liderança, podemos colocar em risco a paz do mundo e certamente colocaremos em risco o bem-estar de nossa própria nação".

———————— A Doutrina Truman (1947) ————————

"O líder hábil subjuga as tropas inimigas sem qualquer luta; ele captura suas cidades sem sitiá-las; ele derruba seu reino sem longas operações no campo de batalha."

A Arte da Guerra de Sun Tzu (476–221 AC)

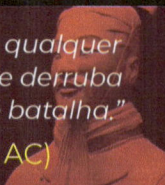

THE UNIVERSAL DECLARATION OF Human Rights

WHEREAS recognition of the inherent dignity and of the equal and inalienable rights of all members of the human family is the foundation of freedom, justice and peace in the world,

WHEREAS disregard and contempt for human rights have resulted in barbarous acts which have outraged the conscience of mankind, and the advent of a world in which human beings shall enjoy freedom of speech and belief and freedom from fear and want has been proclaimed as the highest aspiration of the common people,

WHEREAS it is essential, if man is not to be compelled to have recourse, as a last resort, to rebellion against tyranny and oppression, that human rights should be protected by the rule of law,

WHEREAS it is essential to promote the development of friendly relations between nations,

WHEREAS the peoples of the United Nations have in the Charter reaffirmed their faith in fundamental human rights, in the dignity and worth of the human person and in the equal rights of men and women and have determined to promote social progress and better standards of life in larger freedom,

WHEREAS Member States have pledged themselves to achieve, in co-operation with the United Nations, the promotion of universal respect for and observance of human rights and fundamental freedoms,

WHEREAS a common understanding of these rights and freedoms is of the greatest importance for the full realization of this pledge,

NOW, THEREFORE THE GENERAL ASSEMBLY proclaims this Universal Declaration of Human Rights as a common standard of achievement for all peoples and all nations, to the end that every individual and every organ of society, keeping this Declaration constantly in mind, shall strive by teaching and education to promote respect for these rights and freedoms and by progressive measures, national and international, to secure their universal and effective recognition and observance, both among the peoples of Member States themselves and among the peoples of territories under their jurisdiction.

(Modificado pela Fonte:
Biblioteca e Museu Presidêncial de FDR)

Cimeira de Yalta 1945 com Churchill, Roosevelt, Stalin

UMA PROPOSTA PARA TRAZER DE VOLTA A CASA DOS ROOSEVELTS

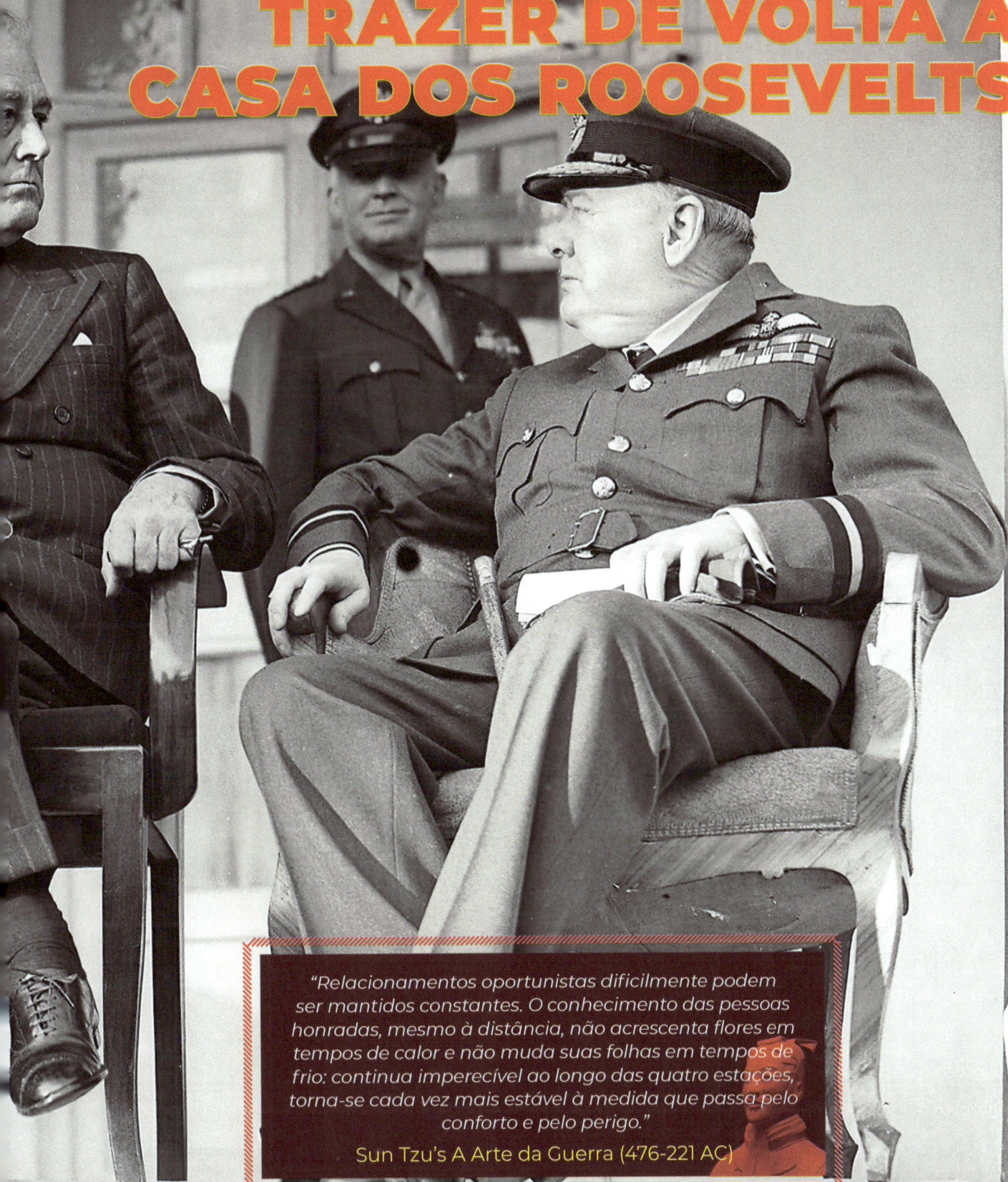

"Relacionamentos oportunistas dificilmente podem ser mantidos constantes. O conhecimento das pessoas honradas, mesmo à distância, não acrescenta flores em tempos de calor e não muda suas folhas em tempos de frio: continua imperecível ao longo das quatro estações, torna-se cada vez mais estável à medida que passa pelo conforto e pelo perigo."

Sun Tzu's A Arte da Guerra (476-221 AC)

Minha proposta se concentra nas estratégias que destacamos anteriormente para reanimar as empresas ocidentais, que são:

1. Liderança
2. Educação em Ciências, Tecnologia, Engenharia e Matemática (CTEM)
3. Pesquisa e Tecnologia Estratégica
4. Arquitetura da infraestrutura
5. Arquitetura Digital
6. Gestão do Conhecimento
7. Diplomacia
8. Padrão Ouro da Moeda Mundial
9. Electro-Dollar
10. Capital Financeiro
11. Segurança
12. Estratégias Digitais e Roteiro Transformativo

O gráfico aranha abaixo representa uma comparação panorâmica entre a era capitalista de Roosevelt e a América de hoje, em contraste com o progresso feito pelos chineses. Os detalhes serão explicados em cada seção (por favor, deixe-me saber suas perspectivas para consolidar e atualizar esses gráficos).

Com o apoio do governo, as empresas chinesas colonizam efetivamente o mundo ao influenciar financeiramente mais de 150 países com pelo menos US$ 10 trilhões da diplomacia de armadilhas de dívidas, *Belt & Silk Road* de próxima geração e outros projetos de infraestrutura de alta tecnologia.

Nosso sistema capitalista atual do século XIX está sob a liderança de PACs e lobistas corruptos no pântano (Washington DC), do *Private Equity* de Gordon Gekko e dos invasores corporativos, muitos dos quais financiados pelos chineses. O processo de tomada de decisão algorítmico de *Wall Street* baseado no Twitter é uma vergonha. Os nossos especialistas em negócios logo se desconectam da realidade de 96% da humanidade. Eles vivem em uma torre de marfim e se concentram apenas na excessiva engenharia financeira. Quase nenhum crescimento de produtividade ou vendas ocorreu na última década. Apesar disso, o Dow Jones subiu mais de 250% nos últimos dez anos, principalmente por meio da engenharia financeira. Os esquemas de enriquecimento rápido desperdiçaram o significativo balanço patrimonial, e agora os alicerce do capitalismo tremem.

Devemos reformar nossas empresas para entrar no século XXII, aprendendo o melhor dos alemães e do Oriente (Cingapura, China, Japão, Coréia do Sul etc.). A sobrevivência das empresas está entrelaçada com a ascensão e queda de seus impérios padrinhos, como testemunhamos nos últimos cinco séculos. Os engenheiros de resiliência do Partido Comunista Chinês gastam estrategicamente trilhões de dólares para eliminar impiedosamente muitos de seus mestres pródigos da engenharia financeira capitalista ocidental, especialmente em invenções da geração do século XXII. As empresas quase-governamentais liberaram do seu legado mestres de licença ocidental Gordon Gekko e parceiros estrangeiros para melhores produtos e serviços.

Em resumo, precisamos dobrar nossos investimentos empresariais nas seguintes áreas para nos libertarmos dos novos mestres autoritários comunistas:

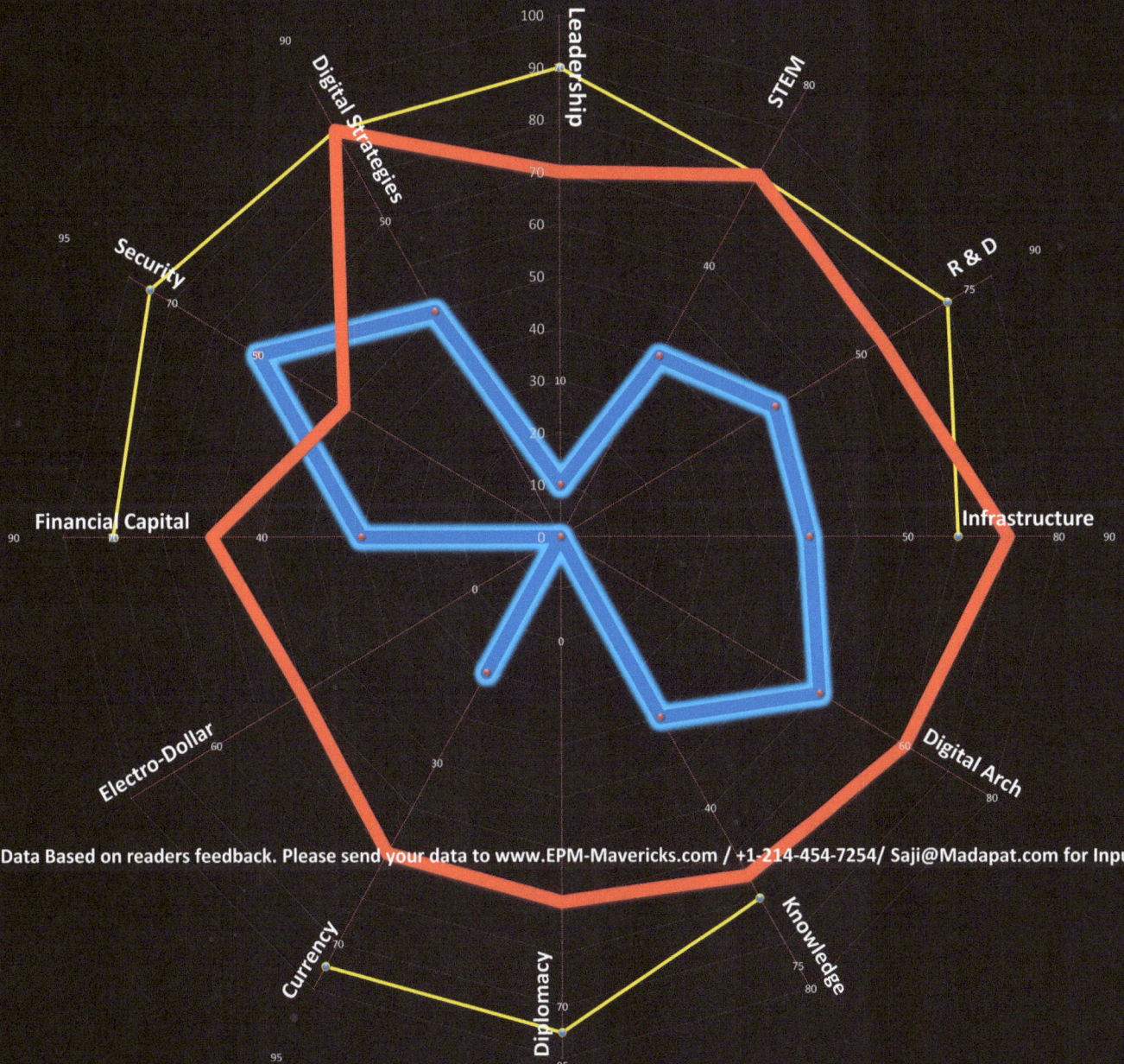

The Gods Must be Crazy!
US vs China Competitiveness Dashboard
(Representative Example scores)

Roosevelt's USA   Current USA   CHINA

Data Based on readers feedback. Please send your data to www.EPM-Mavericks.com / +1-214-454-7254/ Saji@Madapat.com for Input

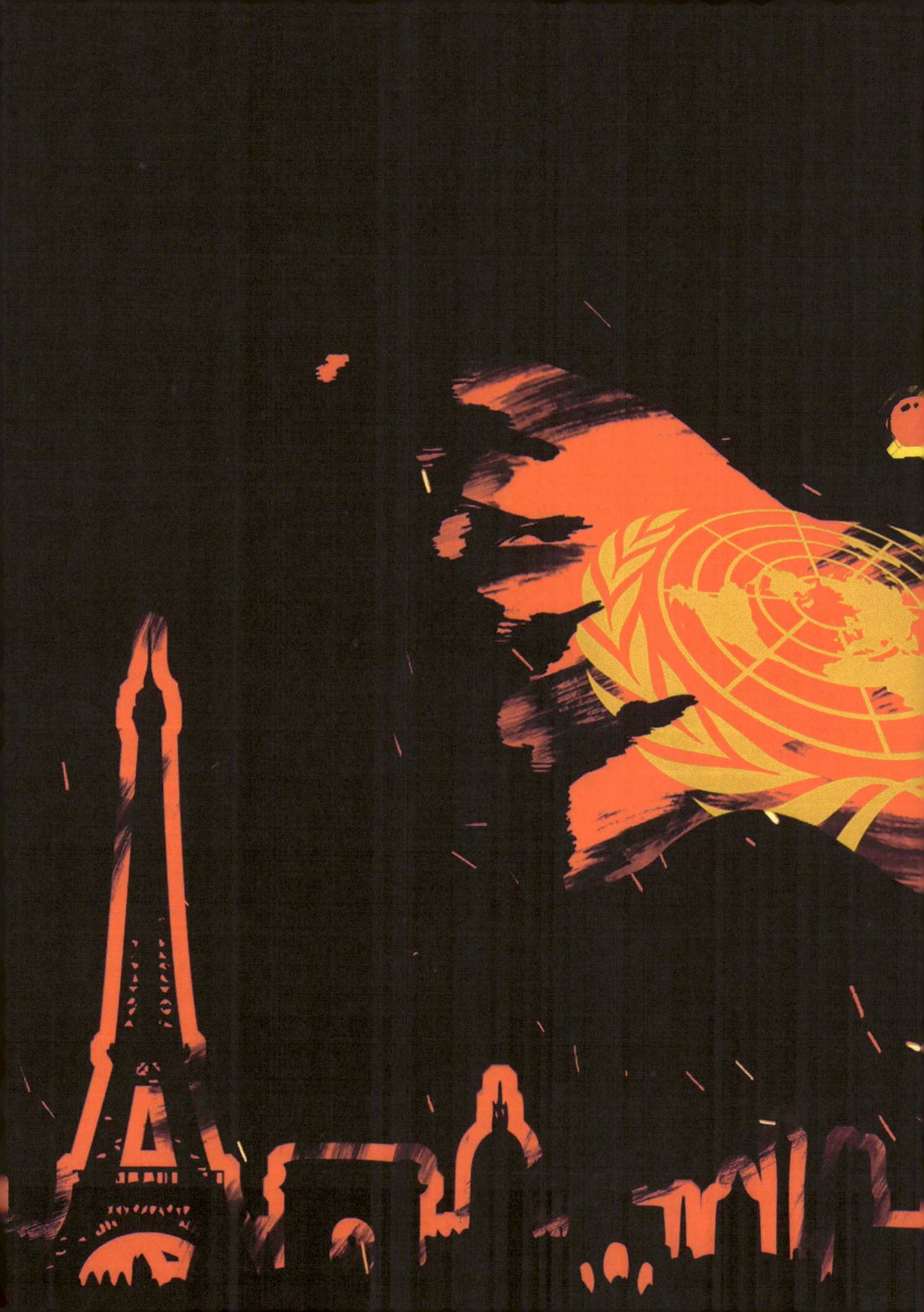

Ai Ai Ai! Estamos no Meio da Nova Ordem Mundial!

1. Liderança

> *"O líder habilidoso subjuga as tropas inimigas sem qualquer luta; ele captura suas cidades sem sitiá-las; ele derruba seu reino sem longas operações no campo de batalha."*
>
> A Arte da Guerra de Sun Tzu (476–221 AC)

Harvard Kennedy School diz: "Enquanto o PCC se prepara para comemorar o 100° aniversário de sua fundação, o Partido parece mais forte do que nunca. Uma resiliência mais profunda é baseada no apoio popular à política do regime. "Este artigo de pesquisa sobre o Partido Comunista Chinês (PCC) é uma série publicada pelo Centro Ash para Governança Democrática e Inovação da Escola de Governo John F. Kennedy da Universidade de Harvard.

"Há poucas evidências para apoiar a ideia de que o PCC está perdendo legitimidade aos olhos de seu povo. Na verdade, nossa pesquisa mostra que, em uma ampla variedade de métricas, em 2016 o governo chinês era mais popular do que em qualquer momento durante as duas décadas anteriores. Em média, os cidadãos chineses relataram que a provisão do governo de saúde, bem-estar e outros serviços públicos essenciais eram muito melhor e mais equitativa do que quando a pesquisa começou em 2003.

….

Como tal, não houve nenhum sinal real de crescente descontentamento entre os principais grupos demográficos da China, lançando dúvidas sobre a ideia de que o país estava enfrentando uma crise de legitimidade política".

———— Harvard University (July 2020) ————

"Apenas 17% dos americanos hoje dizem que podem confiar que o governo de Washington fará o que é certo "quase sempre" (3%)"

———— Pew Research Center ————
(Confiança Pública no Governo: 1958-2019)

Como a história tende a se repetir com ímpetuosidade, devemos ter uma liderança resiliente, como os Roosevelts, para administrar nosso império e nossa empresa. É hora de líderes como FDR surgirem. Líderes que podem transformar a doença COVID-19 em um chamado para a coragem, tenacidade e esperança. FDR foi o líder mais excepcional dos Estados Unidos. Ele nos trouxe à vanguarda do cenário histórico mundial ao construir a base para o capitalismo e a empresa moderna. Precisamos orar por líderes visionários, como os Roosevelts, que irão pavimentar a estrada da redenção para o futuro para nos levar de volta à cidade brilhante na colina.

Enquanto isso, nos EUA :

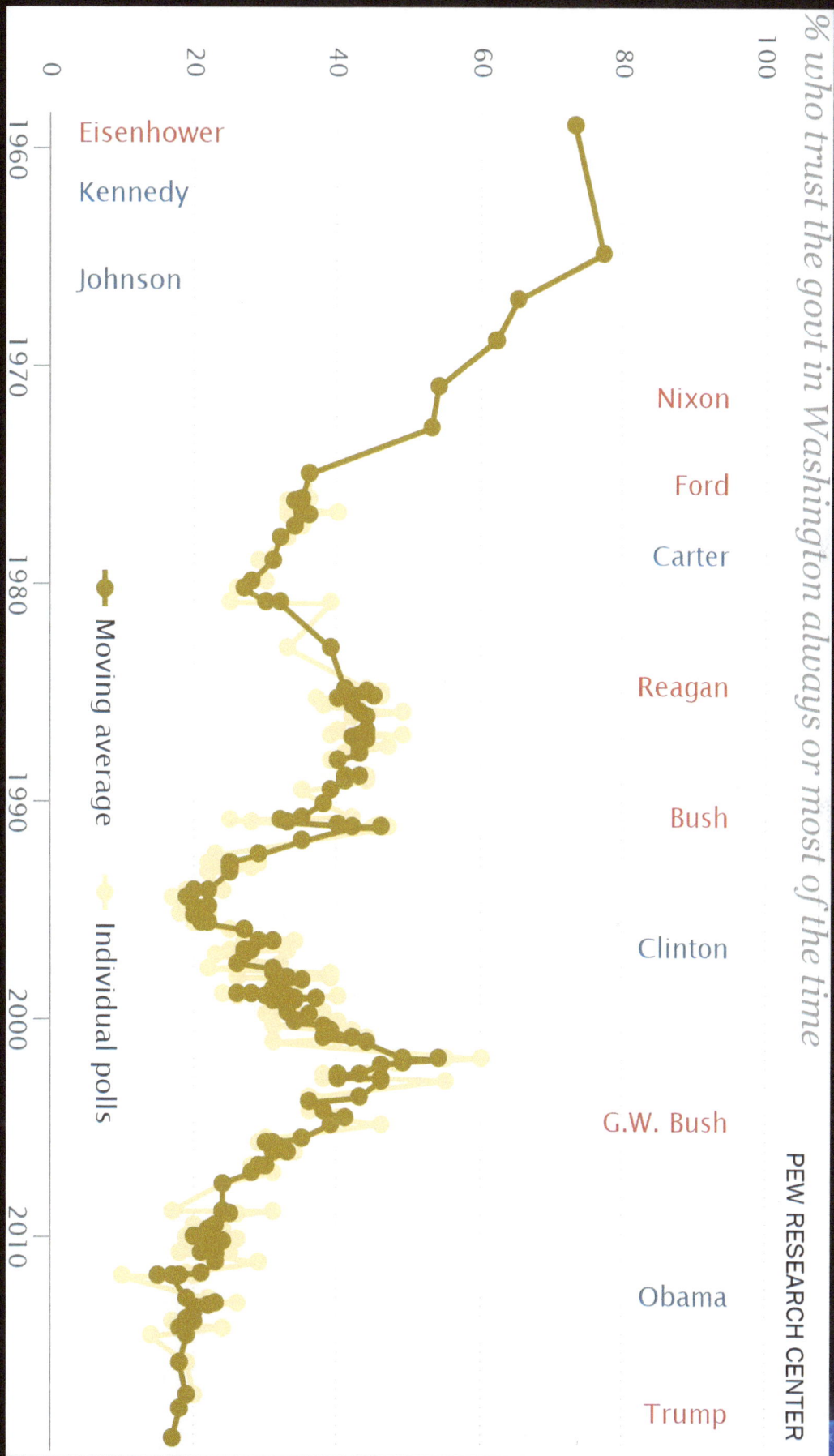

% who trust the govt in Washington always or most of the time

Eisenhower

Kennedy

Johnson

Nixon

Ford

Carter

Reagan

Bush

Clinton

G.W. Bush

Obama

Trump

Moving average

Individual polls

0   20   40   60   80   100

1960   1970   1980   1990   2000   2010

PEW RESEARCH CENTER

www.EPM.Mavericks.com

(Crédito Fonte: Governo do Reino Unido) Winston Churchill cumprimenta Joseph Stalin com o Presidente Roosevelt fora do Palácio Livadia durante a Conferência de Yalta, fevereiro de 1945.

À medida que passamos pela crise climática existencial, precisamos ter profetas como Theodore Roosevelt (TR), que reconheceram a importância de preservar esses bens que somos tão abençoados por ter. TR criou 150 florestas nacionais, cinco parques nacionais, 51 reservas federais de pássaros, quatro reservas nacionais de caça e 18 monumentos nacionais em mais de 230 milhões de acres de terras públicas.

À medida que avançamos pela era *Black Lives Matter*, vamos aprender com a "Primeira Dama do Mundo" (Eleanor Roosevelt), que redefiniu a nação com base em nossos esforços humanitários e na luta pela justiça social.

Franklin D. Roosevelt mais tarde tornou-se deficiente com poliomielite, o que o paralisou da cintura para baixo, mas ele resistiu à doença com audácia, persistência e otimismo. Como comandante em chefe, ele conduziu nossa nação durante a Grande Depressão e liderou o país durante a crise bancária. Como aconteceu durante a Grande Depressão, agora enfrentamos uma recuperação econômica dependente de milhões de decisões complexas de milhões de jogadores, a maioria dos quais pessoas com interesses próprios. Quando as pessoas haviam perdido a fé na liderança e em seus sistemas, FDR resolveu a crise financeira restabelecendo a confiança no sistema.

Nossos líderes precisam aprender com esses diplomatas de boa fé, que construíram pontes de relacionamento com todas as partes interessadas no momento mais crítico da história. Graças à perseverança e liderança de FDR, ele recebeu apoio e cooperação incomparáveis do Congresso durante a Grande Depressão e a Segunda Guerra Mundial. Ele trabalhou com Winston Churchill e outros líderes mundiais para lançar as bases das Nações Unidas e de muitos outros fóruns globais, trazendo mais de setenta e cinco anos de paz e prosperidade. Ele até fez parceria com o comunista Joseph Stalin para conquistar o eixo do mal na Segunda Guerra Mundial. Ele dominou a arte do compromisso e da diplomacia, que agora sentimos falta em Washington e no mundo geopolítico. Ele conectou os homens e mulheres comuns da nação e do mundo por meio de suas conversas à lareira.

Quando as provações e tribulações fundamentais ameaçam nosso império e as margens arenosas de nossas arquiteturas empresariais, precisamos de líderes como os Roosevelts, que podem reconstruir e guiar-nos para a cidade brilhante na colina:

1. Inspirando-nos com uma visão, uma estratégia e um roteiro para o nosso futuro
2. Nos guiando com esperança e confiança, não importa o quão incerto o futuro seja
3. Tomando ações audaciosas com determinação e resolução
4. Colaborando com todas as partes interessadas e até mesmo negociando com nossos inimigos potenciais para desenvolver um plano de ação
5. Executando decisões que beneficiem o bem maior, mesmo que isso não seja politicamente correto

É hora de analisar o Reino do Meio para avaliar o quão bem eles estão jogando com seus trunfos. Nosso tempo está se esgotando. Para nosso Império e Empresa, precisamos ter líderes nobres e inteligentes, como os Roosevelts, que tenham autoconfiança, determinação, integridade e diplomacia, sem os quais iremos inevitavelmente vacilar.

2. Educação CTEM (Ciência, Tecnologia, Engenharia e Matemática)

> *"O conhecimento profundo é estar ciente da perturbação antes da perturbação, estar ciente do perigo antes do perigo, estar ciente da destruição antes da destruição, estar ciente da calamidade antes da calamidade. Uma ação forte é treinar o corpo sem ser sobrecarregado pelo corpo, exercitar a mente sem ser usado pela mente, trabalhar no mundo sem ser afetado pelo mundo, executar tarefas sem ser obstruído por tarefas".*
>
> **Sun Tzu's A Arte da Guerra (476-221 AC)**

A qualidade da educação formou a espinha dorsal dos impérios ao longo da história. Uma educação sólida é a espinha dorsal do crescimento. Com base nas pontuações do teste PISA de 2015, os Estados Unidos já estão no 15° percentil mais baixo do mundo desenvolvido.

Infelizmente, a educação pública e o financiamento escolar são as áreas mais fáceis para os cortes orçamentários, especialmente na era pós-COVID. A educação CTEM é a mais cara de todas e a presa mais natural para a redução do orçamento. Além disso, a situação econômica atual tem levado a altas taxas de desemprego, o que leva à instabilidade no lar, levando a resultados acadêmicos fracos, falta de oportunidades e uma renda deprimida. Esses fatores desenvolvem um ciclo vicioso que leva a instabilidades socioeconômicas e geopolíticas em todo o mundo.

No ambiente político atual, a educação tornou-se a última prioridade. Além das mudanças nas políticas, devemos investigar soluções criativas, como parcerias entre filantropia, governo e empresas, para enfrentar esses tipos de desafios. Devemos estabelecer parcerias público-privadas semelhantes à educação e treinamento técnico e vocacional alemão (TVET).

Como em Cingapura, Alemanha, China, Japão, Coreia do Sul e Índia, o governo deve assumir um papel ativo de liderança na educação pública. O governo deve recompensar e reconhecer os professores com base em seu desempenho. Do jeito que está, os Estados Unidos certificam significativamente menos engenheiros graduados anualmente do que a China ou mesmo a Índia.

De acordo com o relatório de 2018 da OCDE (Organização para Cooperação e Desenvolvimento Econômico), os EUA gastam mais com universidades do que quase qualquer outro país. "O gasto por aluno é exorbitante e praticamente não tem relação com o valor que os alunos poderiam obter em troca". [59]

The Gods Must be Crazy!
The Future (Degrees) of Science & Enginering

Source: Educational statistics of OECD, NBS (China)

— China — United States — EU top 6

(Y-axis: Thousands, labeled 0 to 2000; X-axis: Year)

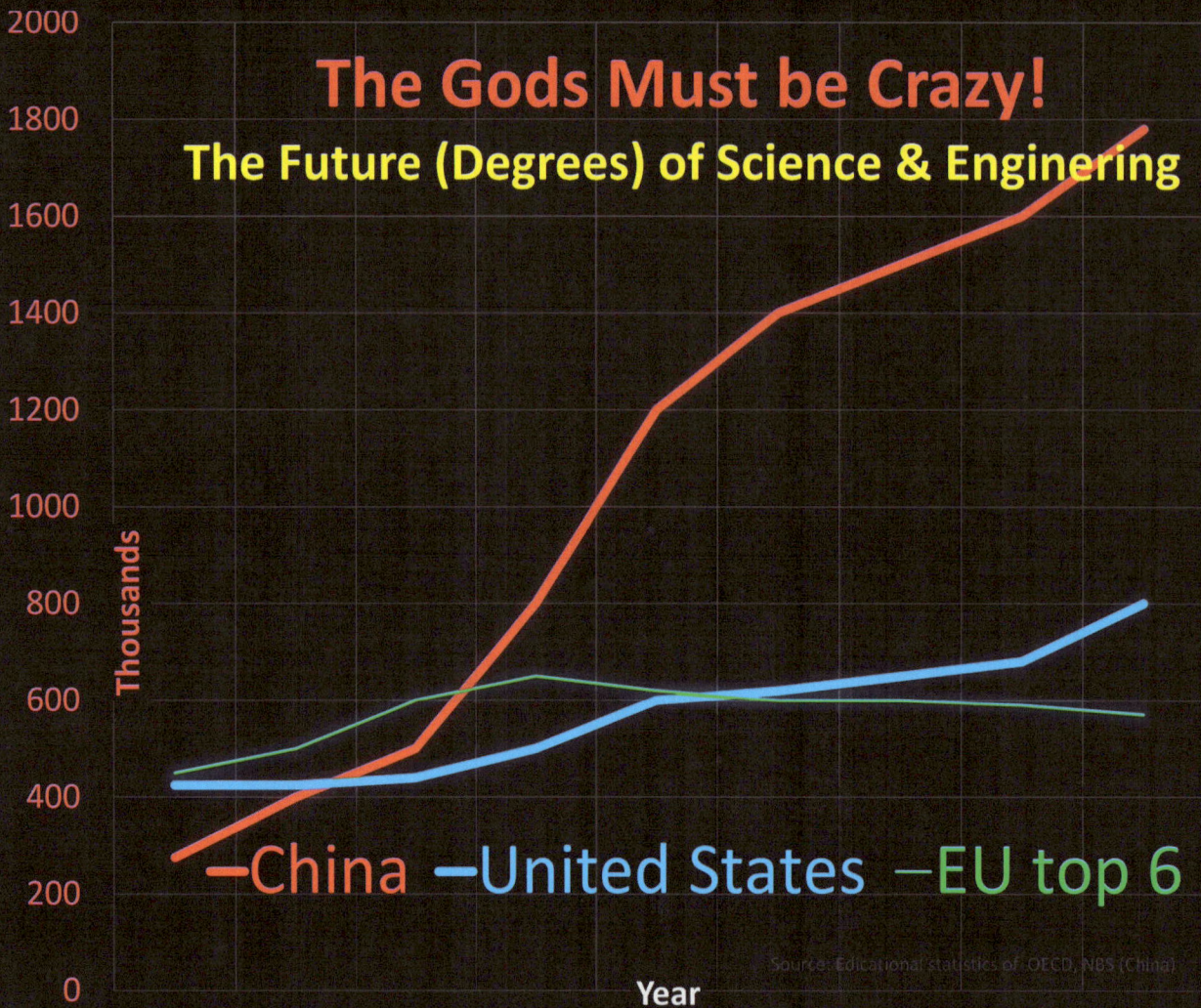

A culpa é da decadência - apartamentos elegantes de estudantes, refeições caras e "a mania por esportes atléticos". Precisamos transformar o sistema educacional e iniciar parcerias com filantropos como Bill Gates e Bloomberg para treinar e preparar a força de trabalho para o século 22. Por exemplo, em TI:

★ Os sistemas de TI / negócios devem evoluir de Transacional–> Operacional–> Analítica Preditiva AI BOTs (Automação Robótica na Nuvem)

★ Além de TI, a contabilidade tradicional e a maioria das funções de negócios (especialmente as repetitivas) estão à beira da automação por AI BOTs na nuvem

Nossa força de trabalho deve estar preparada para Inteligência Artificial, pois a automação robótica e a IA serão males necessários para a produtividade e o crescimento econômico. Milhões de pessoas em todo o mundo precisarão mudar de profissão ou atualizar suas competências. Mckinsey estima que *entre 400 milhões e 800 milhões de indivíduos podem estar sob ameaça de demissão devido à automação e precisam encontrar novos empregos até 2030. Do total de demitidos, 75 milhões a 375 milhões podem precisar mudar de categoria profissional e adquirir novas qualificações.*

3. Pesquisa e Tecnologia Estratégica

> *"Se você conhece o inimigo e conhece a si mesmo, não precisa temer o resultado de uma centena de batalhas. Se você conhece a si mesmo, mas não o inimigo, para cada vitória conquistada, você também sofrerá uma derrota. Se você não conhece o inimigo nem a si mesmo, você vai sucumbir em todas as batalhas."*
>
> A Arte da Guerra de Sun Tzu (476–221 AC)

A empresa mais valiosa da América perdeu o seu entusiasmo? Além das recompras de ações e dos resultados das vendas dos antigos iPhones, tecnologicamente gerações atrás dos concorrentes do oriente, que inovações a Apple trouxe na última década? A Apple parece ter morrido com Steve Jobs.

Nossos unicórnios no Vale do Silício estão se aventurando, especialmente para o oriente. Parece que o Vale do Silício também perdeu o rumo.

> ## "O capital de risco e a economia de start-up de tecnologia estão criando um perigoso, "esquema Ponzi de alto risco" e um "balão Ponzi bizarro."
>
> ———— Chamath Palihapitiya ————
> Investidor bilionário e ex-vice-presidente de crescimento
> de usuários do Facebook)

Os chineses estão na vanguarda da fronteira tecnológica em áreas comuns, como eletrônica, maquinário, automóveis, ferrovias de alta velocidade e aviação. Em vez disso, eles também estão impulsionando inovações tecnológicas em áreas emergentes como 5G, energia renovável, energia nuclear avançada, tecnologias de telecomunicações de última geração, *big data* e supercomputadores, IA, robótica, tecnologia espacial e comércio eletrônico.

Em 2018, os chineses depositaram quase 50% dos pedidos de patentes em todo o mundo, com um recorde de 1,54 milhão em alta tecnologia. Compare isso com os Estados Unidos, que entraram com menos de 600.000. Os níveis de pedido de patente de Inteligência Artificial da China ultrapassaram os EUA em 2014 e, desde então, a China tem mantido uma alta taxa de crescimento.

A maioria dos líderes chineses são engenheiros que pensam a partir de uma resiliência estratégica de longo prazo e perspectiva de valor, em vez de atalhos de engenharia financeira de curto prazo. Eles priorizam e se concentram em tecnologias de longo prazo do século XXII, incluindo inteligência artificial, computação em nuvem, análise de *big data*, *blockchain* e tecnologia de comunicação da informação (ICT).

À medida que a *Digital Silk Road* chinesa se expande, suas pseudo empresas terão *insights* inestimáveis sobre os dados em todo o mundo. Muito parecido com a forma como FAANGs (Facebook, Apple, Amazon, Netflix e Google) usam a agregação de dados em tempo real para analisar o comportamento do cliente ocidental. Estando associados ao governo chinês, eles terão acesso privilegiado a todos os súditos do Império do Meio, ao contrário de seus concorrentes ocidentais. Essas quase-empresas chinesas terão privilégios extraordinários nas tecnologias da próxima fronteira, como IoT (Internet das Coisas), IA (inteligência artificial) e veículos autônomos para pelo menos dois terços do mundo por meio da plataforma DSR.

Infelizmente, no ocidente, as arquiteturas e tecnologias empresariais de hoje que antecedem a WWW (World Wide Web) são administradas por engenheiros financeiros especializados fazer mudanças superficiais em um produto para disfarçar suas falhas fundamentais. Seus designs não têm relação com a era digital. Como aconteceu com os Roosevelts, por meio de parcerias público-privadas, as universidades devem investir e fomentar as principais indústrias, da mesma forma que vemos acontecer na China, Japão, Coreia do Sul e Alemanha.

4. Arquitetura de infraestrutura

> *"O general que vence uma batalha faz muitos cálculos em seu templo antes que a batalha seja travada. O general que perde uma batalha faz poucos cálculos.*
> A Arte da Guerra de Sun Tzu (476–221 AC)

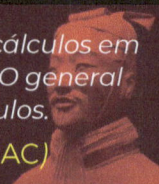

The Gods Must be Crazy!
The Future of Artificial Intelligence
(AI Patent Applications)

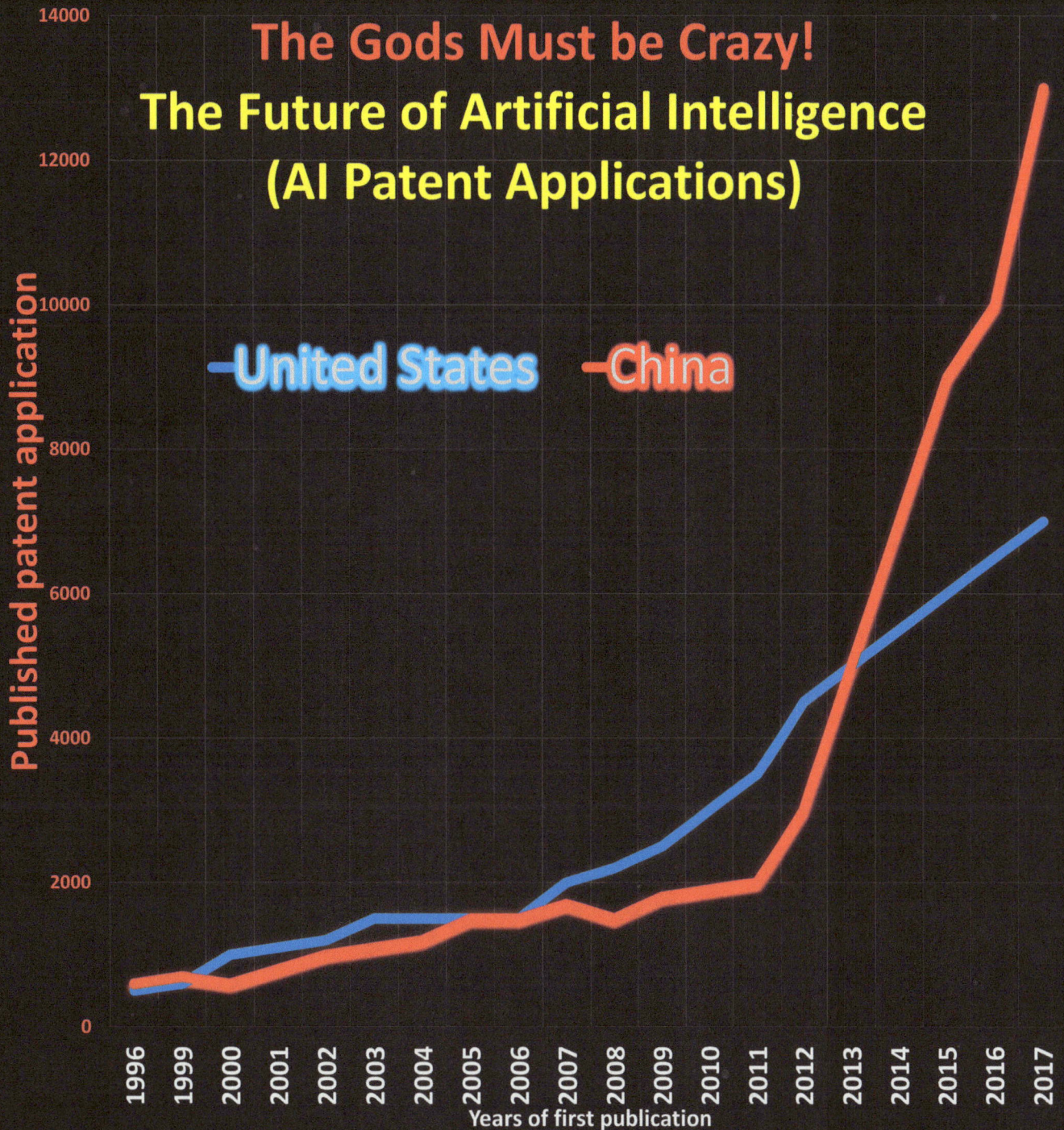

Para sobreviver, precisamos elaborar uma versão moderna do 'New Deal' que Franklin D. Roosevelt executou há um século em circunstâncias semelhantes. Assim como ele o fez, devemos aplicar investimentos significativos em nossa infraestrutura dilapidada.

Como a China procura colonizar economicamente, devemos examinar nossa versão progressiva do Plano Marshall Global para combater a *Belt & Road* e a infraestrutura tecnológica da China.

Railroadlines Under Construction

Railroadlines Existing

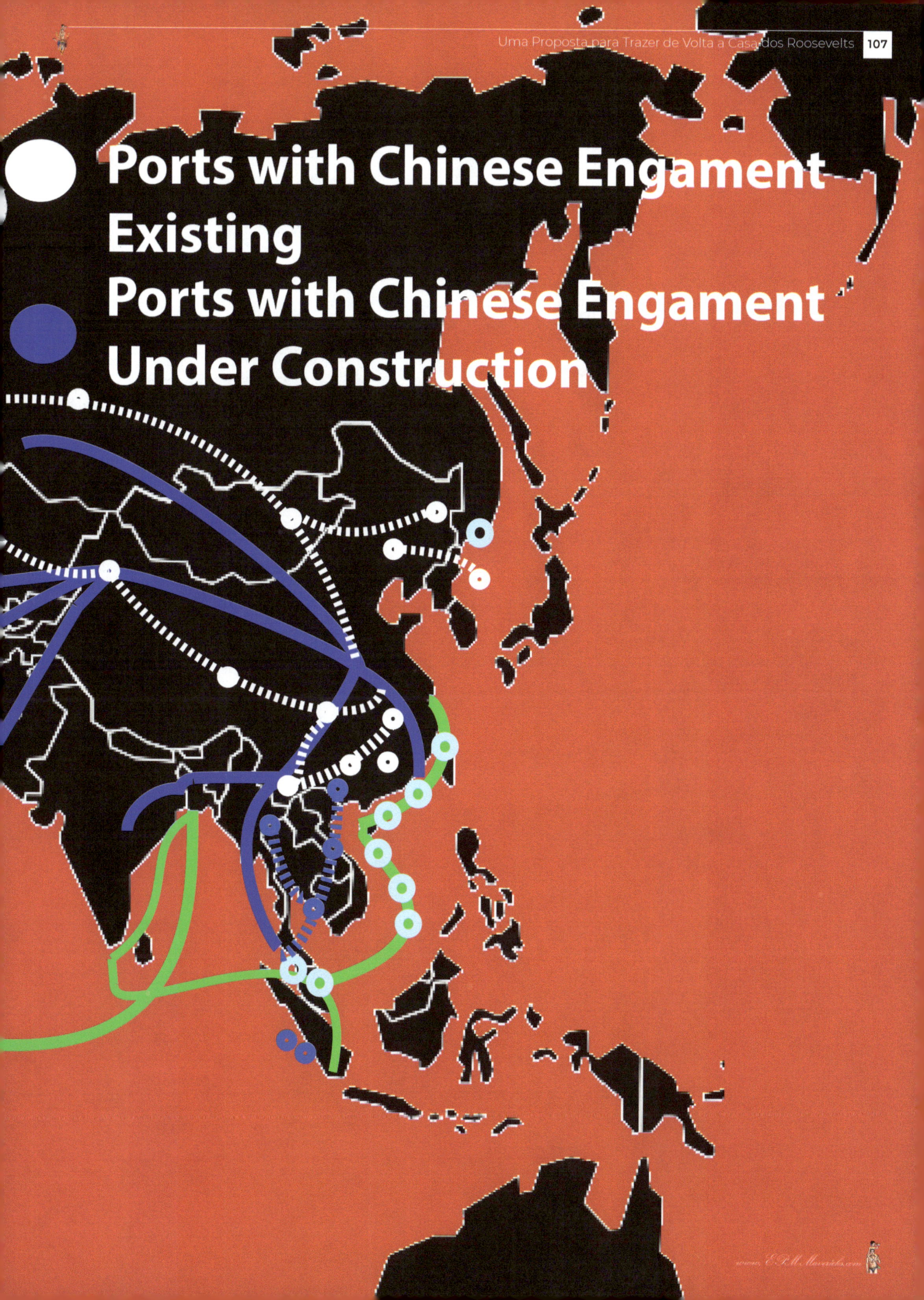

Ports with Chinese Engament Existing

Ports with Chinese Engament Under Construction

★ Precisamos revigorar o empreendedorismo por meio de parcerias público-privadas e universidades.

★ O governo deve assumir o controle acionário de empresas estratégicas, ajudando-as na recuperação.

★ O governo deve monitorar empresas de *private equity* e capitalistas de risco em setores críticos, especialmente no Vale do Silício. Um financiamento predatório considerável está vindo da China com a intenção de roubar nossa propriedade intelectual, o que é uma ameaça potencial aos nossos interesses de segurança nacional.

★ Devemos descartar o obsoleto sistema de imigração e focar no mérito. Muitos de nossos líderes inovadores de alta tecnologia são o resultado da imigração de ponta.

★ Como fez Roosevelt, devemos acabar com os monopólios e empresas grandes demais para falir que criam barreiras à inovação.

"As pequenas e médias empresas (PMEs) representam mais de 99% do número total de empresas nos países onde trabalhamos. Elas são responsáveis por grandes contribuições para o valor agregado e o emprego."

Banco Europeu de Reconstrução e Desenvolvimento (BERD)

5. Arquitetura Digital

"Primeiro estabeleça planos que garantirão a vitória e, em seguida, conduza seu exército para a batalha; se você não começar com uma estratégia, mas confiar apenas na força bruta, a vitória não será mais garantida."
"Deixe seus planos serem sombrios e impenetráveis como a noite, e quando se mover, caia como um raio."
A Arte da Guerra de Sun Tzu (476-221 AC)

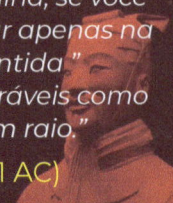

"Devemos aproveitar as oportunidades oferecidas pela digitalização industrial e industrialização digital, acelerar a construção de novas infraestruturas, como redes 5G e centros de dados, e intensificar o layout de indústrias emergentes estratégicas e indústrias futuras, como a economia digital, vida, saúde e novos materiais."

Enquanto estamos presos na guerra 2G / 3G / 4G, a China salta para seu modo de expansão 5G e agora está olhando para o 6G. Há mais de um ano, a China concedeu licenças de operação à *China Mobile, China Unicom e China Telecom*. Em 2019, essas empresas estatais de telecomunicações começaram a implantar redes 5G em cidades de todo o país. Começando com 50 mil estações de base em 2019, a China já ultrapassou meio bilhão de assinaturas 5G. Ela acrescentou pelo menos 190 mil novas estações de base 5G apenas no primeiro semestre de 2021[60]

Carrier	5G subs total (millions)	New 5G subs in 2021 (millions)	5G base stations	New 5G base stations 2021	Total subscribers (millions)
China Mobile	251	86	501,000	111,000	946
China Unicom	121	42.2	460,000	80,000	310
China Telecom	131	44.5	460,000	80,000	362
Totals	503	172.7	1,421,000*	271,000	1,618

Fonte: https://www.theregister.com/2021/08/20/china_5g_progress/

Atualmente a China possui ou auxilia na construção de cerca de 30% das ligações por cado na Ásia e tem como meta mais de 50% das ações em breve. Huawei 5G é mais avançada do que as redes de concorrentes ocidentais e está vendendo mais barato para o resto do mundo. O sistema de navegação por satélite chinês tem mais satélites do que o sistema de navegação GPS alinhado aos EUA. Pelo menos trinta países da *Belt and Road Initiative* (BRI) já assinaram a rede de navegação BeiDou.

Além da colonização econômica, como a China busca colonizar digitalmente, devemos examinar nossa versão progressiva do Plano Marshall digital Global para combater o Belt & Road e a infraestrutura tecnológica da China.

Será uma tarefa hercúlea para as empresas ocidentais alcançarem as empresas chinesas monolíticas financiadas pelo estado, como Alibaba, Huawei, Tencent e ZTE, que entregam produtos de última geração a preços irrisórios, graças a subsídios que recebem do governo chines.

6. Gestão do Conhecimento

> *"Considere seus soldados como seus filhos, e eles o seguirão até os vales mais profundos; Considere-os como seus próprios filhos amados e eles permanecerão ao seu lado até a morte. Se, no entanto, você é indulgente, mas incapaz de fazer sentir sua autoridade; bondoso, mas incapaz de fazer cumprir seus comandos; e incapaz, além disso, de reprimir a desordem: então seus soldados devem ser comparados a crianças mimadas; eles são inúteis para qualquer propósito prático".*
>
> A Arte da Guerra de Sun Tzu (476–221 AC)

O que precisamos hoje é de engenharia de alta tecnologia e resiliente - não de engenharia financeira que serve apenas para desperdiçar o que já temos. A produtividade dos recursos de conhecimento de uma empresa, seus funcionários, é a chave para seu sucesso. A gestão do conhecimento está sob o controle de uma cultura de trabalho em equipe, aprendizagem e criatividade. O empoderamento da

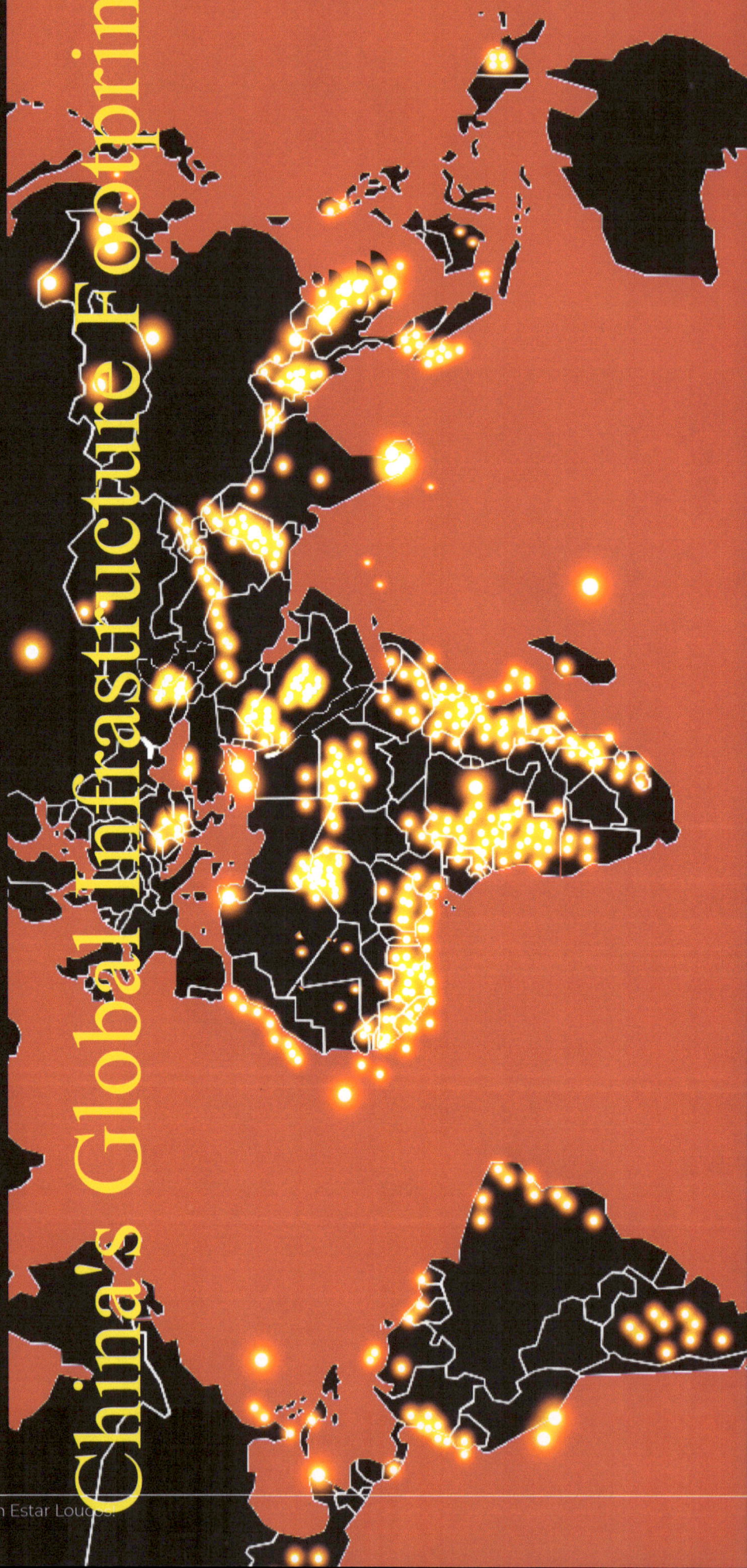

China's Global Infrastructure Footprint

equipe leva à empresa do conhecimento, que é a base para o futuro da organização. Infelizmente, no ambiente atual, os recursos de conhecimento são a principal vítima. Eles recebem o mesmo tratamento que os centros de custo, o que acabou resultando no atual número de desempregados de cerca de quarenta milhões.

Os recursos de conhecimento são a espinha dorsal das empresas e não um passivo.

> *"O hábil empregador de homens empregará o sábio, o valente, o avarento e o estúpido. Pois, o sábio se deleita em estabelecer seu mérito, o valente gosta de mostrar sua coragem na ação, o avarento é rápido em aproveitar as vantagens e o estúpido não tem medo da morte."*
>
> A Arte da Guerra de Sun Tzu (476–221 AC)

A modelagem da McKinsey mostra que até 2030, de 30 a 40 por cento de todos os trabalhadores nos países desenvolvidos precisarão mudar para novas ocupações ou atualizar significativamente seus conjuntos de habilidades[6]. As transformações tectônicas estão à nossa frente envolvendo cerca de 60% dos empregos; mais de 30% das atividades burocráticas serão automatizadas. Felizmente, eles também sugerem que a escassez de trabalhadores qualificados se tornará ainda maior. A pandemia da COVID-19 já está acelerando uma mudança em direção à digitalização e automação.

★ ★

Evolution of Knowledge Enterprise

"90% of the knowledge in the organization is in the heads of the people. Management spends75 % of their time on the knowledge that is written down."
- Bob Buckman

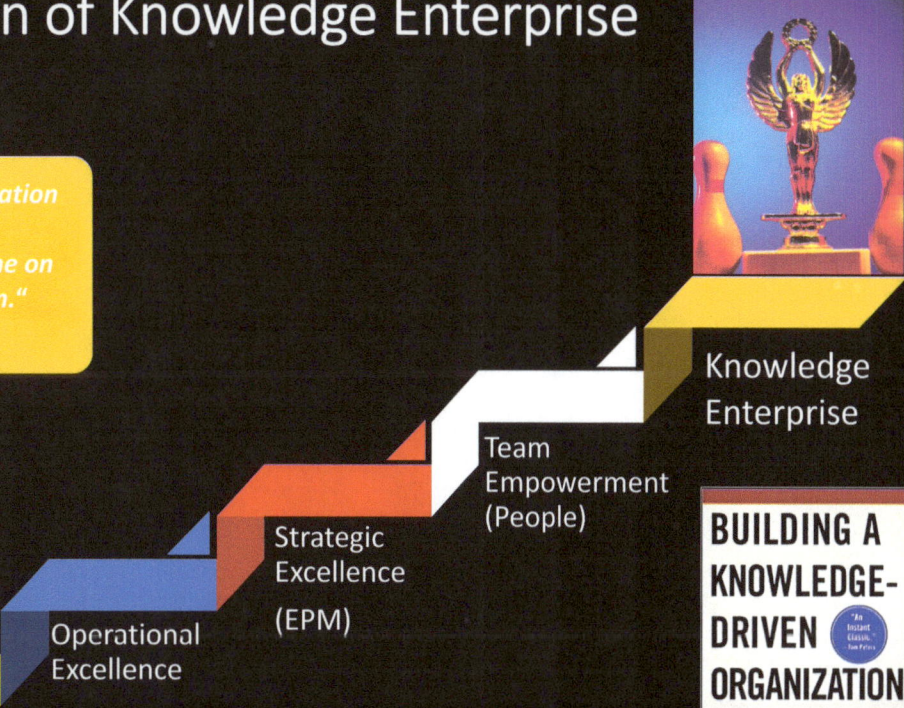

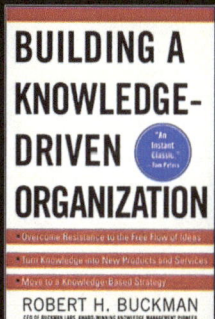

Operational Excellence

Strategic Excellence (EPM)

Team Empowerment (People)

Knowledge Enterprise

BUILDING A KNOWLEDGE-DRIVEN ORGANIZATION

"An Instant Classic." Tom Peters

• Overcome Resistance to the Free Flow of Ideas
• Turn Knowledge into New Products and Services
• Move to a Knowledge-Based Strategy

ROBERT H. BUCKMAN
CEO OF BUCKMAN LABS, AWARD-WINNING KNOWLEDGE MANAGEMENT PIONEER

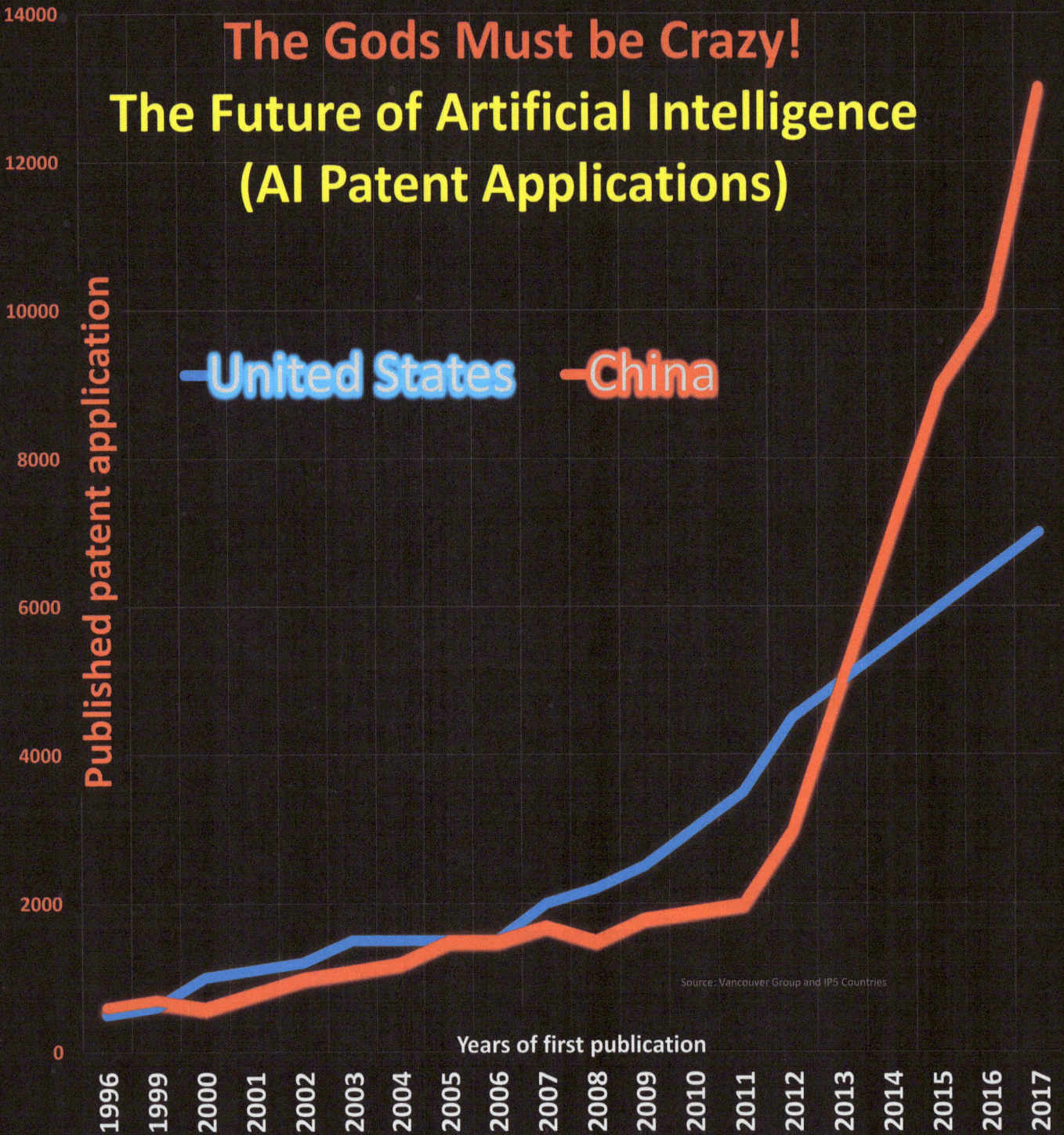

The Gods Must be Crazy!
The Future of Artificial Intelligence
(AI Patent Applications)

Os EUA costumavam ser o líder global do conhecimento em tudo, desde agricultura até saúde, defesa, energia e uma série de outras áreas. Infelizmente, como mostra o gráfico abaixo, os investimentos federais têm experimentado uma queda longa e constante no PIB. Esse enfraquecimento dos investimentos americanos é uma receita para a retração econômica e estratégica. Enquanto isso, a China está acelerando seus compromissos e colhendo os respectivos frutos.

7. Diplomacia

> *"Mantenha seus amigos por perto e seus inimigos mais perto ainda."*
> A Arte da Guerra de Sun Tzu (476–221 AC)

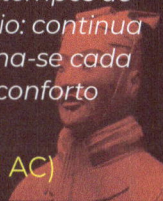

Hoje, precisamos construir pontes diplomáticas e derrubar as paredes, não levantá-las. Em vez de nos retirarmos e deixar a China assumir a liderança, devemos avançar para retomar a liderança renovando completamente nossas alianças comerciais, como OMC, Banco Mundial, FMI, ONU e OMS, que Roosevelt estabeleceu imediatamente após a Segunda Guerra Mundial. Precisamos garantir a liderança da Parceria Transpacífica (TPP) e prepará-la para tomar medidas para combater a China. O Acordo de Parceria Transpacífico foi um acordo comercial proposto entre a Austrália, Brunei, Canadá, Chile, Japão, Malásia, México, Nova Zelândia, Peru, Cingapura, Vietnã e os Estados Unidos, assinado para entrar em vigor em 2016. Infelizmente, a administração anterior sob o presidente Trump retirou-se da parceria em 2017, e a China tirou vantagem da retirada dos EUA.

Durante os anos de Roosevelt, os Estados Unidos foram o país mais respeitado globalmente, com as posições mais líquidas de investimento internacional (em termos de porcentagem do PIB). Os Estados Unidos possuíam mais ativos estrangeiros do que os estrangeiros detinham, até por volta da década de 1980. Desde a década de 90, graças ao seu estilo de vida decadente e caro, os EUA têm vendido seus valiosos ativos para estrangeiros.

Desde 2016, a China é um dos principais parceiros comerciais da maioria dos países (124). Esse número é mais que o dobro dos EUA (56). Curiosamente, os cargos de embaixadores americanos estão à venda para doadores ricos. As campanhas presidenciais típicas custam bilhões de dólares e tudo está à venda para os ricos e poderosos. Gastamos cerca de 5.000% a mais no orçamento de defesa do que no Departamento de Estado. Citando Robert Gates (ex-secretário de Defesa), "há mais bandas militares do que a composição de todo o serviço externo dos EUA."

> *"Relacionamentos oportunistas dificilmente podem ser mantidos constantes. O conhecido de pessoas honradas, mesmo à distância, não acrescenta flores em tempos de calor e não muda suas folhas em tempos de frio: continua imperecível ao longo das quatro estações, torna-se cada vez mais estável à medida que passa pelo conforto e pelo perigo."*
> A Arte da Guerra de Sun Tzu (476–221 AC)

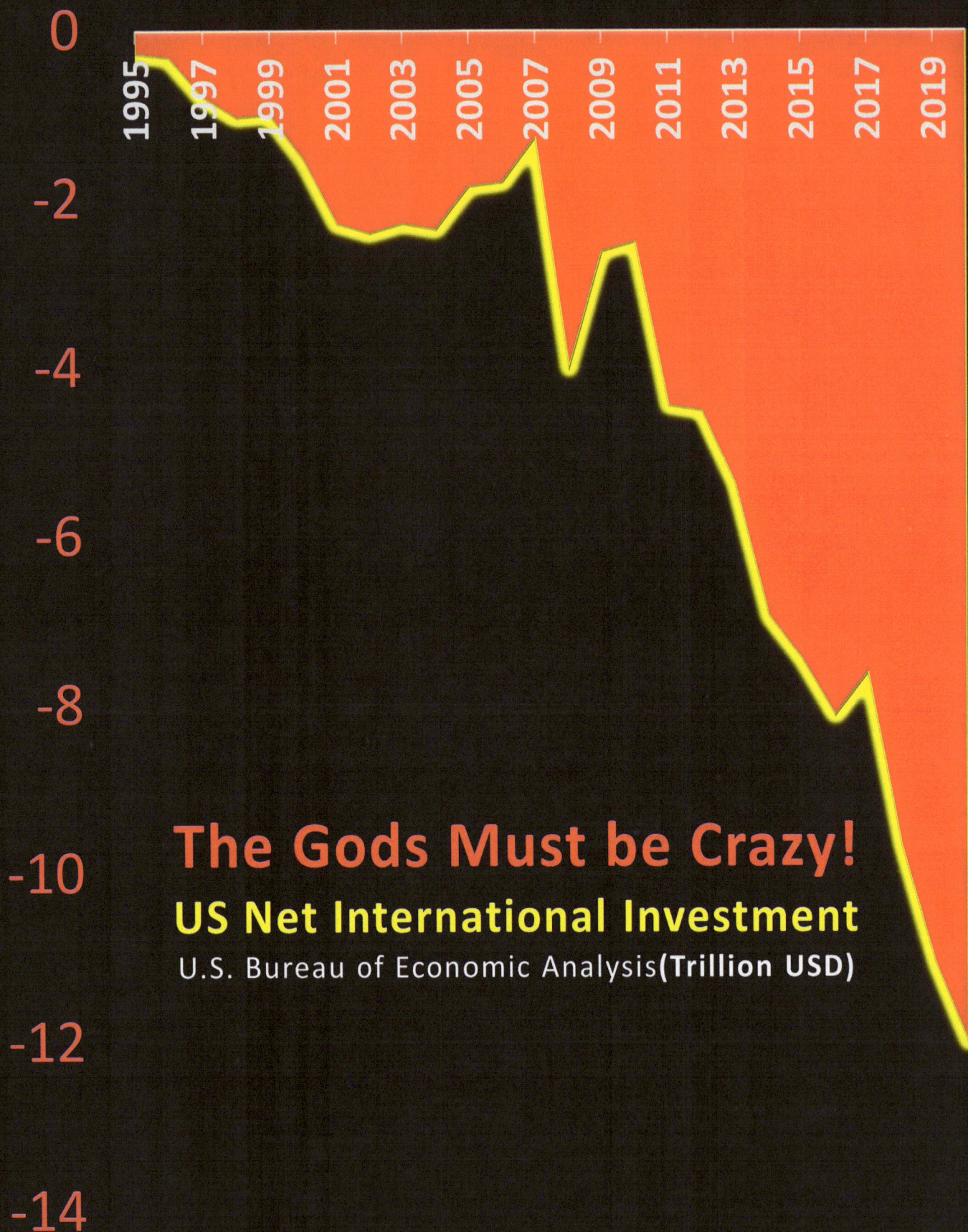

The Gods Must be Crazy!
US Net International Investment
U.S. Bureau of Economic Analysis (Trillion USD)

Os EUA costumavam ser muito poderosos porque o resto do mundo confiava em nós como guardiões das relações comerciais. Assim, eles nos deram o privilégio de imprimir a moeda de reserva. Se desperdiçarmos essas relações comerciais, o Reino do Meio em breve tomará esse privilégio para si.

Os EUA tinham melhores relações comerciais e exportavam mais produtos e serviços do que importavam até por volta da década de 70. Lamentavelmente, perdemos nosso entusiasmo pela diplomacia comercial nas últimas duas décadas, tornando-nos um depósito de lixo isolado, especialmente para a China, conforme ilustrado no gráfico abaixo.

8. O Padrão Ouro como Moeda Mundial

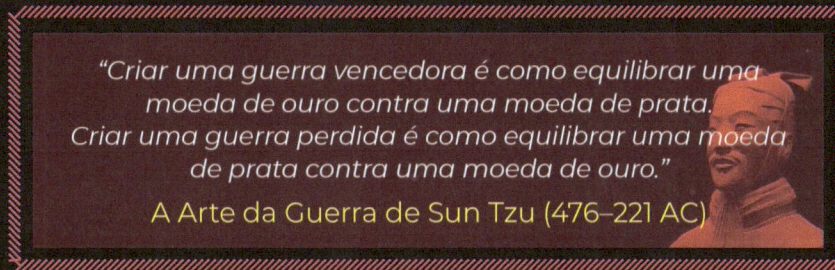

"Criar uma guerra vencedora é como equilibrar uma moeda de ouro contra uma moeda de prata. Criar uma guerra perdida é como equilibrar uma moeda de prata contra uma moeda de ouro."
A Arte da Guerra de Sun Tzu (476–221 AC)

As moedas de reserva dão à nossa empresa o "privilégio divino" de poder emprestar mais dinheiro a um custo menor. Também nos permite exercer um enorme poder sobre todas as atividades financeiras em dólares americanos que ocorrem globalmente, como controlar os regimes do Irã, Venezuela e Coréia do Norte. Graças a Roosevelt, o dólar americano tornou-se a moeda de reserva mundial em 1944. Na época, os EUA eram o país mais influente em termos econômico, financeiro e militar. No entanto, o alto poder da moeda de reserva vem com responsabilidades ainda maiores.

Há setenta e cinco anos atrás, a economia dos Estados Unidos representava cerca de 40% do PIB mundial. Infelizmente, hoje é menos de 15% em PPP. Enquanto isso, a China está avançando ruidosamente para mais de 20%. Nosso abuso do privilégio de custódia da moeda de reserva esbanjou nossa boa vontade. Devemos reavaliar os métodos atuais, ou então os dias de nosso império estão contados.

Felizmente, 79,5% de todo o comércio mundial ainda é realizado em dólares americanos, graças ao seu status de reserva[62]. Em vez de abusar da moeda de reserva como ferramenta política e imprimi-la sem limites, devemos reconquistar a confiança no dólar americano como moeda de reserva antes que ela perca seu status para o renminbi e sua criptomoeda. Precisamos modernizar o FMI, o Banco Mundial e nosso sistema bancário e alinhá-los com o surgimento dos novos centros financeiros chineses e suas criptomoedas. Assim como a língua universal do mundo continua sendo o inglês, as moedas de reserva tendem a ter mais poder de permanência porque o hábito de uso dura um pouco mais. No entanto, mais cedo ou mais tarde, assim que o resto do mundo estiver suscetível ao comércio com o Yuan chinês, seu brilho desaparecerá. O Facebook, também esta ansioso para colonizar digitalmente os seus viciados usuários com seu Electro-Dollar (a criptomoeda Libra).

9. Electro-Dollar

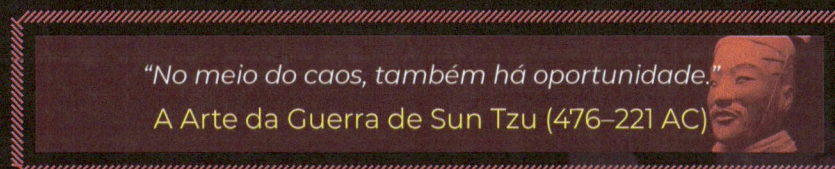

"No meio do caos, também há oportunidade."
A Arte da Guerra de Sun Tzu (476–221 AC)

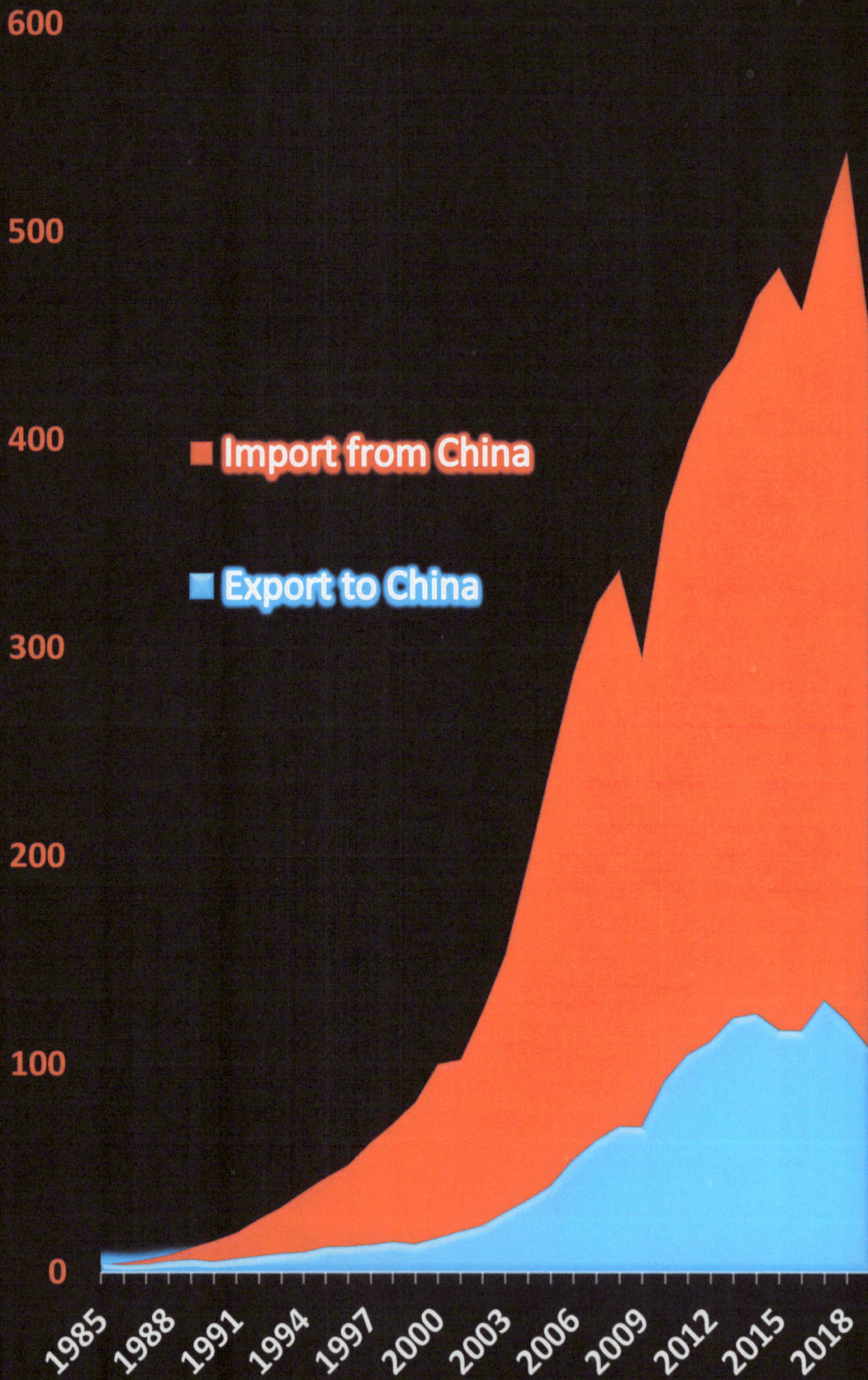

The Gods Must Be Crazy!
US Trade In Goods With China
U.S. Department of Commerce (Billion USD)

Import from China

Export to China

Por mais de 75 anos, direta ou indiretamente, os Estados Unidos controlaram a maior parte das finanças do mundo. Temos essa influência devido ao nosso status de reserva monetária e ao nosso controle sobre instituições como a *Society for Worldwide Interbank Financial Telecommunication* (SWIFT).

Em 2019, o *European Special-Purpose Vehicle* (SPV) criou o programa de intercâmbio comercial (INSTEX) para facilitar transações em outras moedas, que não em dólares americanos e fora do SWIFT com o Irã para evitar a quebra das sanções dos EUA. INSTEX é uma forma de sistema de permuta que permite às empresas na União Europeia, e potencialmente no resto do mundo, contornar o sistema financeiro dos Estados Unidos, eliminando pagamentos transfronteiriços através do SWIFT em dólares americanos. Quando três importantes aliados de longo prazo dos EUA (Alemanha, França e Reino Unido) estão fazendo isso atualmente, para negociar com o Irã, é um tiro de alerta perigoso. Devemos reconhecê-lo como uma ameaça não apenas contra as políticas dos EUA, mas como um prenúncio do fim de nosso status de reserva. O acordo comercial entre a China e o Irã também pode ser fechado em renminbi, e muitos outros países, como a Índia, também seguirão esse exemplo em breve. Embora a China seja uma sociedade fechada, ela tem uma atitude empresarial aberta e estuda extensivamente o sistema dos Estados Unidos antes de fazer seus movimentos estratégicos. Parece que nossa sociedade capitalista aberta está se movendo em direção a uma mente extremamente fechada. Somos totalmente irresponsáveis com nosso excepcionalismo e falta de pensamento estratégico de longo prazo. Já é hora de reconhecer nossos parceiros estratégicos que nos ajudaram a nos tornar uma superpotência.

Desde o tsunami econômico de 2008, a China perdeu a fé nas instituições ocidentais e começou a buscar soluções alternativas. Eles criaram o Sistema de Pagamentos Interbancários Transfronteiriços (CIPS). A China estabeleceu megainstituições financeiras alternativas baseadas na China, como o *Asia Infrastructure Investment Bank* (AIIB) e o *New Development Bank* (NDB, anteriormente conhecido como Banco BRICS) como uma alternativa ao FMI e ao Banco Mundial fundados pelos EUA. Os chineses também desenvolveram sistemas de pagamento digital mais avançados, como WeChat e Alipay, que possuem cerca de dois bilhões de usuários ativos e crescerão exponencialmente assim que forem implantados na plataforma *Digital Silk Road* (DSR).

Enquanto lutávamos contra o COVID-19 e os distúrbios civis, os chineses lançaram a *Blockchain Service Network* (BSN). Este "yuan digital" é o maior ecossistema de blockchain do mundo, tornando a China a primeira grande economia a emitir um Eletro-Yuan (moeda digital) nacional. A *Blockchain Service Network* (BSN) é conhecida como a infraestrutura de infraestruturas. Este ecossistema blockchain distribuído sem permissão permite a integração vertical de big data, comunicações 5G, IoT industrial, computação em nuvem e inteligência artificial. Essa tecnologia financeira também fornecerá vários outros serviços através do aplicativo. A *Blockchain Service Network* (BSN) tem sido o principal alvo como o nervo do sistema econômico da *Digital Silk Road* (DSR) ao estabelecer a plataforma para proporcionar a interconectividade com todos os parceiros da *China Belt and Road Initiative*.

Com base em um relatório do JPMorgan, "*Não há país com mais a perder com o potencial perturbador da moeda digital do que os Estados Unidos*". Infelizmente, nossa plataforma financeira desatualizada administrada por Wall Street está pronta para uma ruptura digital. Se não tomarmos medidas imediatas, os chineses conquistarão impiedosamente o sistema desatualizado construído há mais de 75 anos.

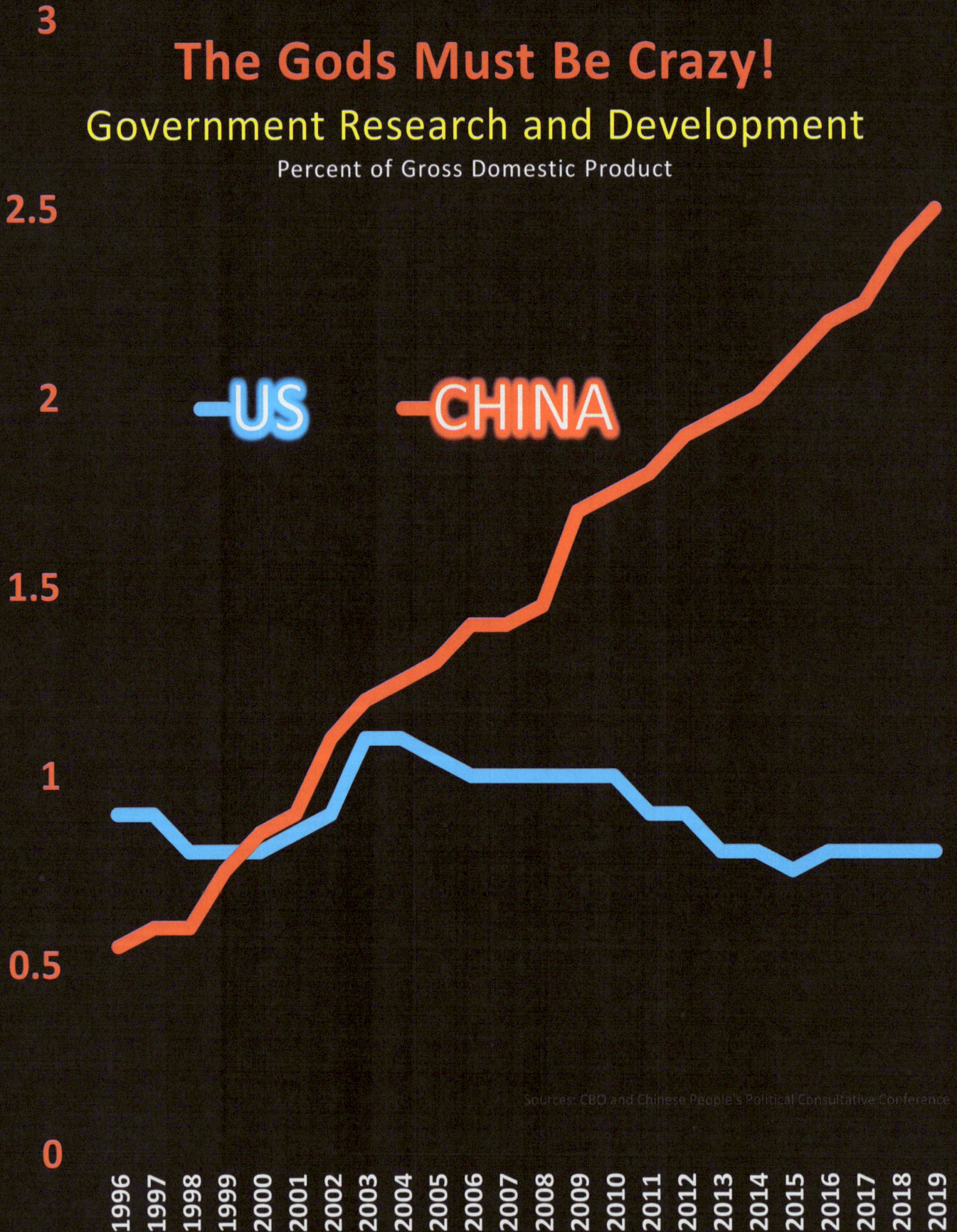

The Gods Must Be Crazy!
Government Research and Development
Percent of Gross Domestic Product

US   CHINA

Sources: CBO and Chinese People's Political Consultative Conference

The Gods Must be Crazy!

Global Reserve Currencies since 1400

USA				USA (1944-????)
Britain				Britan (1815-1944)
France				France (1720-1815)
Netherland				Dutch (1640-1720)
Spain				Spain (1530-1640)
Portugal				Port (1450-1530)

1400 1500 1600 1700 1800 1900 2000 2100

10. Capital Financeiro

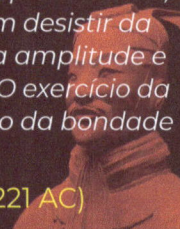

Nova York já foi o centro nevrálgico financeiro do mundo, servindo como os engenheiros responsáveis do mundo livre. Infelizmente, devido à engenharia financeira extrema, Nova York está se tornando a catacumba do capitalismo.

Por outro lado, a China está desenvolvendo rapidamente seu centro financeiro a partir de Xangai, que está constantemente derrubando a influência dos Estados Unidos. O número de empresas nos EUA com ações negociadas na bolsa tem diminuído constantemente desde o pico no final dos anos 90. Este número diminuiu de mais de 7.000 para menos de 3.000 atualmente.[63] Mais uma vez, o número resulta de nossa engenharia financeira através de *private equity*, fusões e aquisições, e saídas de capital.

Enquanto isso, durante o mesmo período, o mercado de ações chinês cresceu de ZERO para cerca de 5.000 empresas. Nos EUA, esse número caiu mais de 50%. Enquanto isso, a China viu uma taxa de crescimento de 1000% nos últimos 25 anos.

A bagunça do nosso atual sistema capitalista canalha está aos pés dos Comitês de Ação Política e lobistas de Washington DC. Muitas firmas de *private equity* e outros veículos de investimento são financiados pela China e por outros fundos soberanos de países estrangeiros, que podem não ter nossos melhores interesses em mente. Os invasores corporativos e os abutres do tipo Gordon Gekko estão em busca de dinheiro rápido. A grande maioria dessas negociações é feita entre computadores e com base em algoritmos sem quaisquer fundamentos. Elas são uma vergonha. Para reter e manter, em primeiro lugar, devemos banir os PACs (Comitês de Ação Política). A porta giratória entre políticos e lobistas no pântano (Washington DC) que corrompem e abusam do sistema deveria estar sob investigação.

★ Devemos assumir a liderança na construção de instituições financeiras multilaterais semelhantes ao Banco Asiático de Investimento em Infraestrutura (AIIB) para combater os US$ 10 trilhões da diplomacia de armadilhas de dívidas da China, o *Belt & Silk Road* da próxima geração e outros projetos de infraestrutura de alta tecnologia. Em vez de nos concentrarmos internamente, como fazem as empresas chinesas, precisamos nos aventurar fora das zonas de conforto de nossas respectivas torres de marfim e expandir para novas fronteiras, especialmente em países emergentes, para nossa própria sobrevivência.

The Gods Must be Crazy!
Catacomb of Capitalism?
US Enterprises Black Hole?

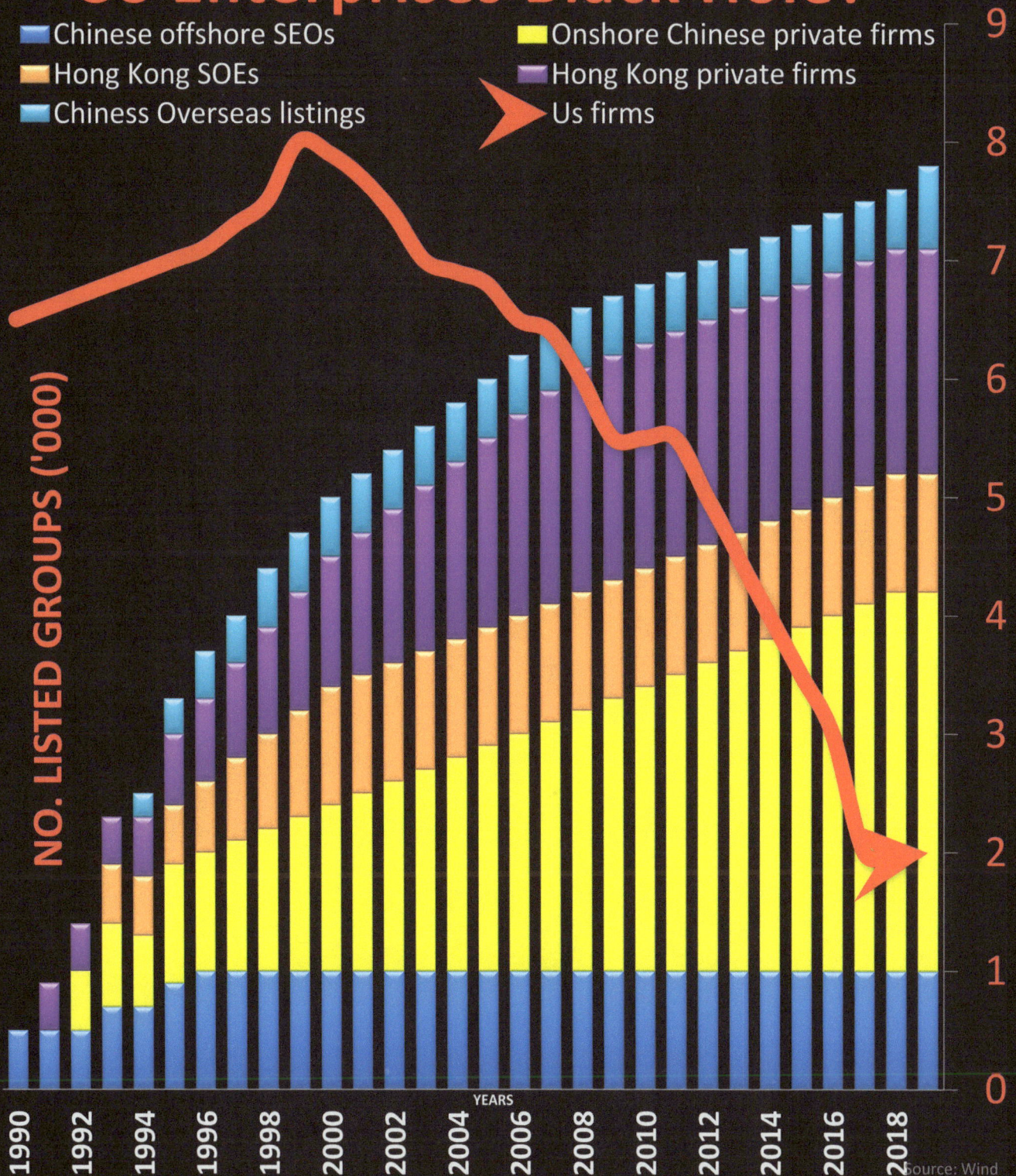

Legend:
- Chinese offshore SEOs
- Hong Kong SOEs
- Chiness Overseas listings
- Onshore Chinese private firms
- Hong Kong private firms
- Us firms

NO. LISTED GROUPS ('000)

YEARS

Source: Wind

- ★ Devemos estudar o impacto dos resultados do *Wall Street Quarterly*, e a recompra de ações e os negócios dos bancos de investimento e das *private equity* de Gordon Gekko. O governo deve monitorar de perto essas atividades cancerosas.

- ★ Devemos também introduzir bônus de longo prazo com base no desempenho para executivos - não com base no preço das ações de curto prazo, que dilui as bases de um balanço patrimonial excelente.

- ★ Além disso, devemos proibir o *private equity* abutre e os fundos soberanos de riqueza. Eles tendem a sacrificar os grandes balanços de suas presas devido à sua ganância de curto prazo.

11. Segurança

"Existem cinco fundamentos para a vitória:
1 Vence quem sabe quando lutar e quando não lutar.
2 Vence quem sabe como lidar com as forças superiores e inferiores.
3 Vence aquele cujo exército é animado pelo mesmo espírito em todas as suas fileiras.
4 Vence aquele que, se preparado, espera para pegar o inimigo despreparado.
5 Vence quem tiver capacidade militar e não sofrer a interferência do soberano."

A Arte da Guerra de Sun Tzu (476–221 AC)

Ainda somos um bando de bosquímanos tribais guerreiros que por acaso usam ternos elegantes e sapatos brilhantes. A governança entre 195 países é um desafio, e organizações como a ONU, a OMC e outras são principalmente figuras de proa. O poder bruto e o poder da arma são o que mais importa. Nosso status de superpotência e nossos complexos militares-industriais são essenciais para proteger nossas rotas comerciais e empresas da influência estrangeira em todo o mundo e até mesmo no espaço. O exército dos EUA têm bases em 70 países, o que é essencial para salvaguardar também os nossos interesses empresariais.

Por quatro séculos, as empresas holandesas e britânicas das Índias Orientais governaram o mundo a partir de duas nações minúsculas pelo poder das armas.

"O Ocidente ganhou o mundo não pela superioridade de suas idéias ou valores ou religião ...

Mas sim por sua superioridade na aplicação da violência organizada. Os ocidentais frequentemente esquecem esse fato; os não-ocidentais nunca esquecem."

Samuel P. Huntington, O Choque de Civilizações e a Reconstrução da Ordem Mundial

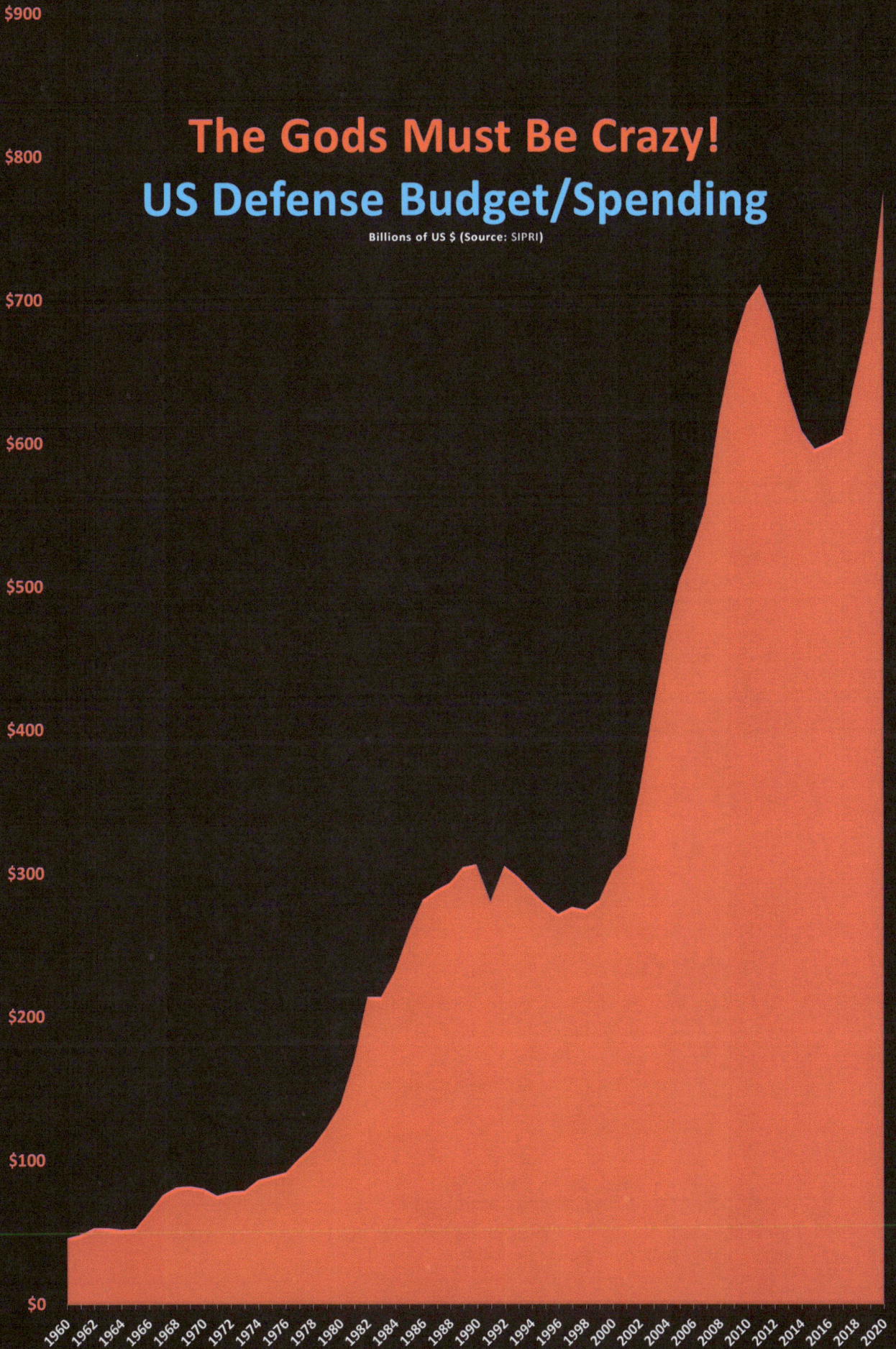

The Gods Must Be Crazy!
US Defense Budget/Spending
Billions of US $ (Source: SIPRI)

Embora não seja um especialista militar, fui consultor no setor de Defesa Aeroespacial nos últimos anos. Com base no estudo da *Brown University* (LUCROS DA GUERRA: BENEFICIÁRIOS CORPORATIVOS DO AUMENTO DE GASTOS DO PENTÁGONO PÓS-11/09)[64], quase metade dos US$ 14 trilhões gastos pelo Pentágono desde 11 de setembro foi para empreiteiros de defesa com fins lucrativos do complexo da Indústria Militar. Esses empreiteiros dedicaram mais de um lobista para cada membro do Congresso (cerca de 700 lobistas) e gastaram US$ 2,5 bilhões. Essa tendência teve origem com o então vice-presidente Dick Cheney, ex-CEO da *Halliburton*. A *Halliburton* recebeu bilhões para ajudar a estabelecer e administrar bases, alimentar tropas e realizar outros trabalhos no Iraque e no Afeganistão até 2008. Cerca de um terço desse contrato do Pentágono foi oferecido a apenas cinco grandes corporações (*Lockheed Martin, Boeing, General Dynamics, Raytheon e Northrop Grumman*). Algumas dessas corporações são propriedade de fundos soberanos, incluindo o da Arábia Saudita[65], potencialmente envolvida nos ataques de 9/11[66]. A Comissão de Contratação em Tempo de Guerra no Iraque e Afeganistão estimou de 30 a 60 bilhões de dólares em desperdício, fraude e abuso somente em 2011. Como as forças armadas dos EUA estão se retirando do Iraque e do Afeganistão, agora a China é seu alvo para justificar quase um trilhão de dólares em gastos com Defesa dos EUA anualmente. De acordo com o relatório, "Qualquer membro do Congresso que não votar nos fundos de que precisamos para defender este país estará procurando um novo emprego depois de novembro próximo".

A cada ano, o governo dos Estados Unidos gasta cerca de um trilhão de dólares em defesa, o que é mais que o gasto dos dez países seguintes juntos. No entanto, muitos de nossos sistemas de defesa são antiquados e nem mesmo funcionais. Por exemplo, centenas, senão milhares, de pilotos da Força Aérea estão voando em aviões construídos antes de seu nascimento, muitos dos quais nem mesmo são dignos de voar.

"A rainha da frota americana e a peça central da Marinha mais poderosa que o mundo já viu, o
porta-aviões, corre o risco de se tornar como os navios de guerra para os quais foi originalmente projetado para apoiar:

grande, caro [> US$ 10B], vulnerável e surpreendentemente irrelevante para os conflitos da época.

....

Leva quase 6.700 homens e mulheres para tripulá-los, custa cerca de US$ 6,5 milhões por dia para operar cada grupo de ataque."

CAPT Henry J. Hendrix, USN (Ph.D.), março de 2013

Alternativamente, a China gasta seus preciosos dólares em sofisticados mísseis hipersônicos que tornam os brinquedos elegantes dos EUA indefesos. Os mísseis balísticos chineses DF-26, que custam apenas cem mil dólares, podem afundar os "patos sentados" dos EUA que custam mais de US$ 10 bilhões.

Os EUA estão agindo irracionalmente, espelhando a União Soviética com sua doutrina do fim do mundo, impulsionada por alguns grupos de interesses especiais influentes da indústria de US$ 2 trilhões e seitas beduínas ortodoxas[67]. Os gastos com defesa dos EUA podem não ter base em uma estratégia racional que seja a melhor para os cidadãos americanos. Em vez disso, muitos podem ser o resultado de lobby de empreiteiros de defesa. Esses empreiteiros influenciam os parlamentares ao alocar as fábricas e bases em seus distritos (influenciando assim o emprego). Os chineses podem muito bem estar rindo de nós enquanto bebemos deste cálice financeiro envenenado de gastos pródigos, cheio de dinheiro emprestado deles. Isso também foi usado como arma em seu nome (como o inimigo n° 1), mas nunca será usado contra eles. Os investidores quase institucionais chineses contribuem significativamente para muitos veículos de investimento, incluindo firmas de private equity, que possuem empreiteiros de defesa. Ironicamente, alguns dos fundos de Riqueza Soberana não tão amigáveis possuem também pelo menos alguns de nossos principais contratados de defesa[68].

> *"Quando enforcarmos os capitalistas*
> *eles vão nos vender a corda que usamos".*
>
> — Joseph Stalin

★★★

The Gods Must be Crazy!
2020 Defence Spending
US > next 10 countries combined (Source: SIPRI)

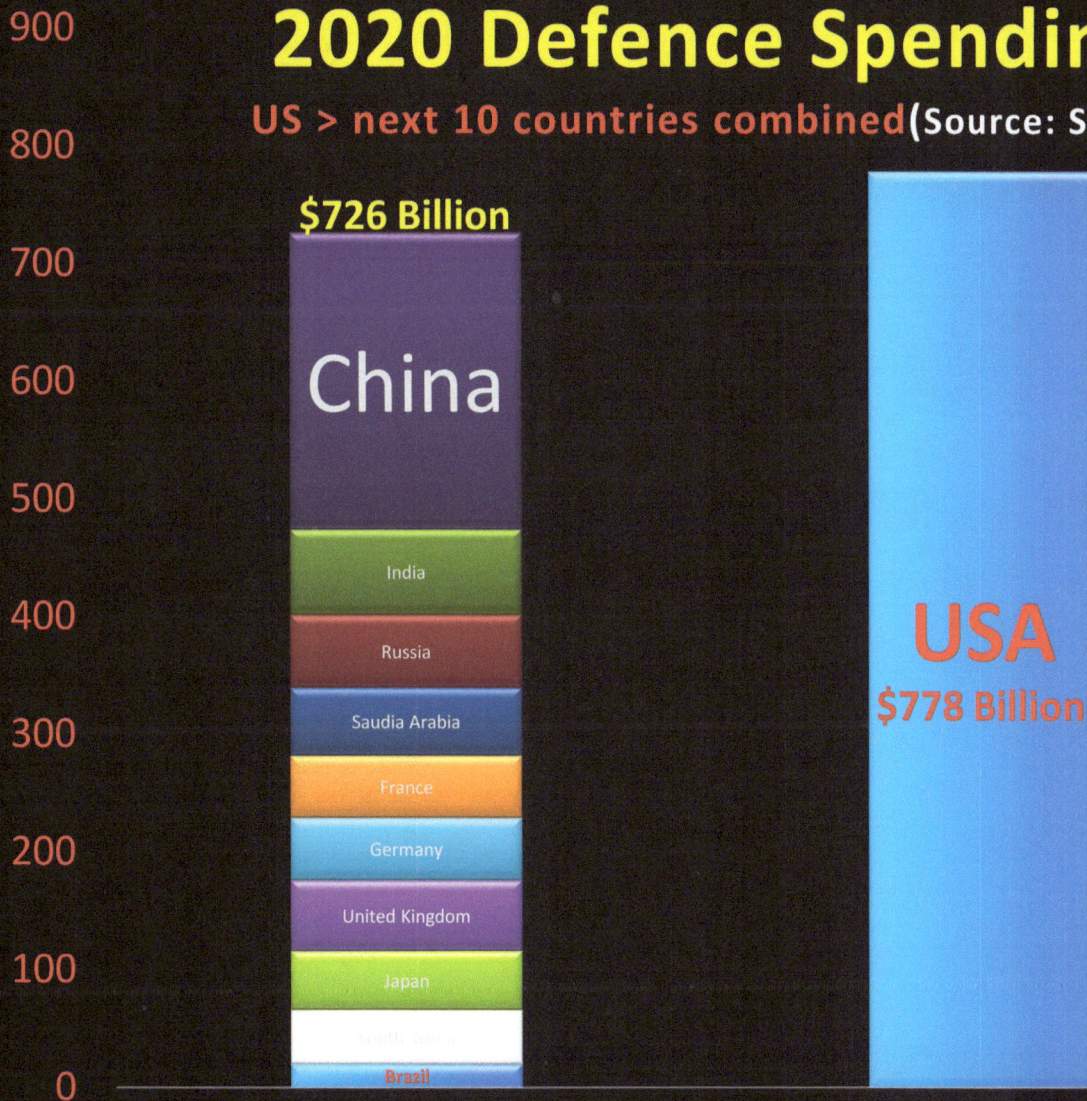

Value	Chart
900	
800	
700	**$726 Billion**
600	China
500	
400	India
	Russia
300	Saudia Arabia
	France
200	Germany
	United Kingdom
100	Japan
	South Korea
0	Brazil

USA $778 Billion

Assim como os soviéticos testemunharam o fim de seu império ao se envolverem unilateralmente em conflitos políticos desnecessários, também estamos derramando nosso precioso sangue e tesouro. Ironicamente, somos os imitadores, cometendo os mesmos erros que os russos no Afeganistão. É impossível conquistar os afegãos; os persas, Alexandre, o Grande, Genghis Khan, a Grã-Bretanha e os russos falharam. Mais recentemente, nos desertos dilacerados pela guerra do Oriente Médio, queimamos US$ 5 trilhões ao nos envolvermos nas guerras tribais dos beduínos.

Este exuberante aventureirismo irracional é um presente para a China. A China está estrategicamente focada e eles cresceram de maneira espetacular ao longo dos nossos anos de declínio, inspirados por nossa estupidez. Como os Estados Unidos exportam petróleo, não existem valores estratégicos encontrados no Oriente Médio além da perda de sangue precioso e de tesouros. Em resumo, estamos protegendo os suprimentos de petróleo para a China, como o que aconteceu no Afeganistão e no Paquistão, ajudando a China a conquistar seus interesses comerciais.

★★★

The Gods Must be Crazy!
2020 US Defense Spending
Catacomb of Capitalism: Little R&D?

Source: OMB (Office of Management and Budget)

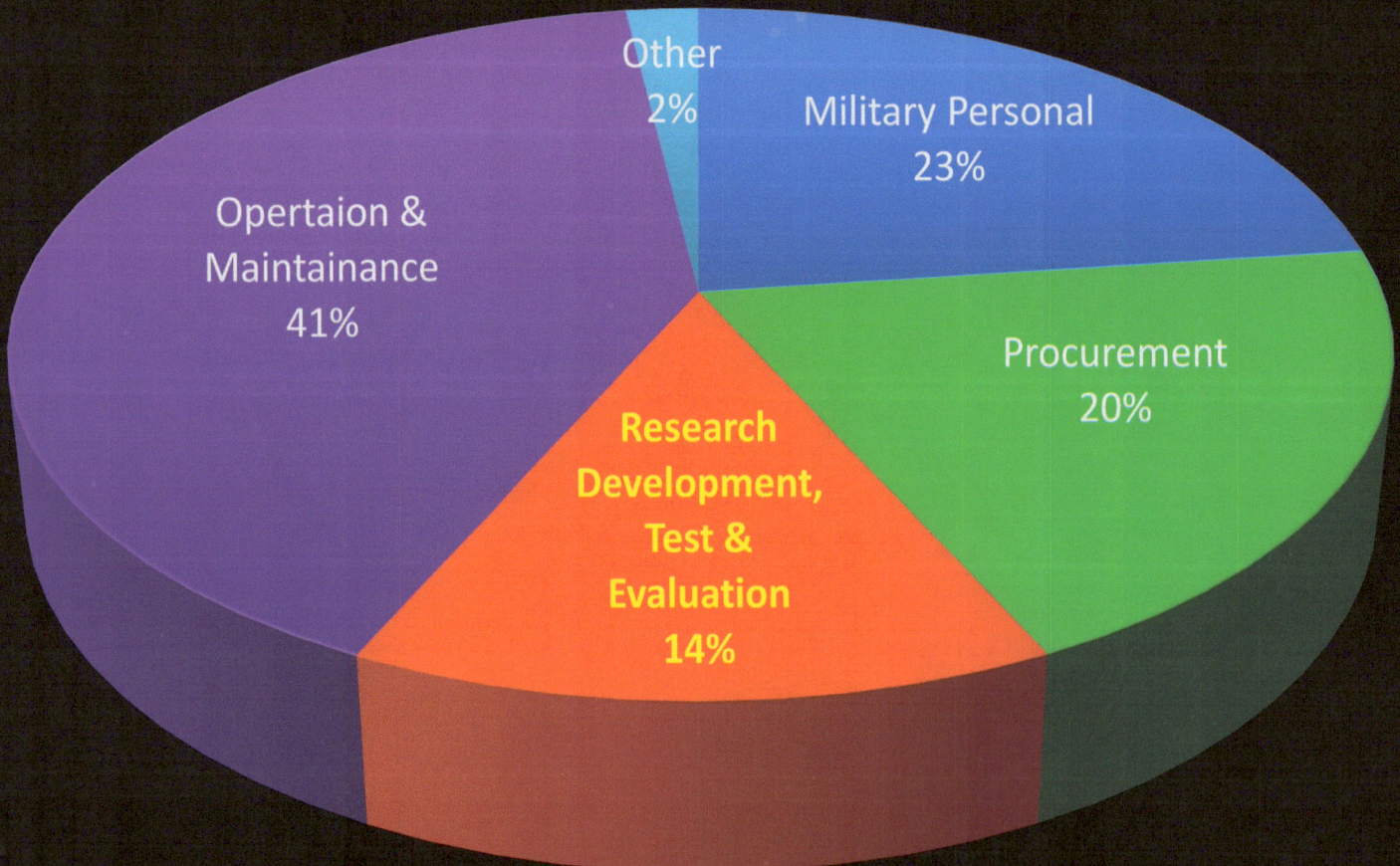

Other
2%

Military Personal
23%

Opertaion &
Maintainance
41%

Procurement
20%

Research
Development,
Test &
Evaluation
14%

Enquanto isso, a China é racional e está agindo com sabedoria como os Estados Unidos agiam na época de Roosevelt (ou mesmo na Guerra Fria), organizando alianças globais. Não há lobistas na China e eles tomam decisões racionais com seus interesses comerciais e de segurança de longo prazo.

Devemos modernizar completamente os militares para as guerras do amanhã, não a guerra convencional pré-histórica do passado, com parcerias público-privadas, assim como Franklin Roosevelt fez. Precisamos ter visionários como FDR para se preparar e vencer a terceira guerra mundial, que agora está se formando, como FDR fez em 1942, quando sua visão venceu a Segunda Guerra Mundial.

Se não formos estratégicos e sábios, não enfrentaremos as modernas organizações de defesa chinesas. O gráfico abaixo mostra que os Estados Unidos mal estão gastando dinheiro em P&D futurista necessário para sobreviver ao dragão. Se não formos cuidadosos e estratégicos, o nosso aventureirismo militar de falcão e nosso excepcionalismo vão nos humilhar no quintal dos Reino do Meio. É triste dizer, mas estamos lutando nas guerras do amanhã com a estratégia e as armas de ontem.

12. Estratégias Digitais e o Roteiro Transformativo:

> *"Para ter sucesso, precisamos absorver o espírito de uma grande estratégia abrangente."*
> *A Grande Estratégia inclui a indulgência com o poder das normas (legitimidade moral), do céu, da terra (ambientes físicos), da liderança e, finalmente, do método e da disciplina (avaliação da capacidade militar, potencial de poder relativo).*
> *Depois que todos os elementos se juntam, um Estado pode se beneficiar de uma grande estratégia para o sucesso.*
>
> Adaptado de A Arte da Guerra, de Sun Tzu (476-221 AC)

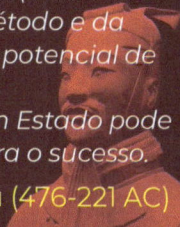

Durante os primeiros 100 dias de Roosevelt no cargo, ele criou as agências do alfabeto, também conhecidas como agências do '*New Deal*'. Pelo menos 69 escritórios foram criados durante os vários mandatos de Roosevelt como parte do "*New Deal*". Existem três ramos do governo, e o ramo executivo controla a maioria das agências federais. Sob o ramo executivo, existem 15 departamentos executivos e cerca de 254 subagências. O Congresso também estabeleceu cerca de 67 agências independentes e mais de uma dezena de conselhos, comissões e comitês menores.

A árvore apodrece a partir das raízes. Os cupins corrompidos infestam agora a maioria dos ramos do governo dos EUA e das agências subjacentes do século XIX. O analista James A. Thurber estimou que o número de lobistas ativos estava perto de 100.000 e que essa indústria corrupta estava rendendo US$ 9 bilhões anualmente[69]. Isso é mais do que o PIB (2018) de mais de 50 países sob a bandeira das Nações Unidas. Recentemente, a atividade de lobby aumentou e "se tornou clandestina", pois os lobistas usam "estratégias cada vez mais sofisticadas" para obscurecer suas atividades. Até a justiça também está à venda por meio de milhões de contribuições para campanhas de proveniência duvidosa[70]. A decisão da *Supreme Court Citizens United* de janeiro de 2010 desencadeou uma onda colossal de gastos de campanha que foi extraordinariamente antiética e corrupta por qualquer padrão criterioso. *Wall Street* gastou um recorde de US$ 2 bilhões tentando influenciar as eleições presidenciais de 2016 nos Estados Unidos. O lobby é uma forma legal sofisticada de suborno ou extorsão e, em qualquer outra parte do mundo, é chamada de corrupção.

O atual sistema burocrático sempre serviu ao seu propósito, especialmente um século atrás sob os bem-intencionados Roosevelts. Infelizmente, muitas organizações bem-intencionadas se tornaram rãs do *deep state* no pântano de óleo de cobra[7] de Washington, D.C. Quais são nossas estratégias e políticas, dado que os recentes desastres geopolíticos e econômicos enfraqueceram fundamentalmente muitos desses sistemas? Temos uma visão e um roteiro estratégico para enfrentar essa ordem mundial em mudança? Vivemos em uma nova era multidimensional, onde muitas regulamentações misteriosas do passado precisam se transformar em uma ordem mundial digital do século XXII.

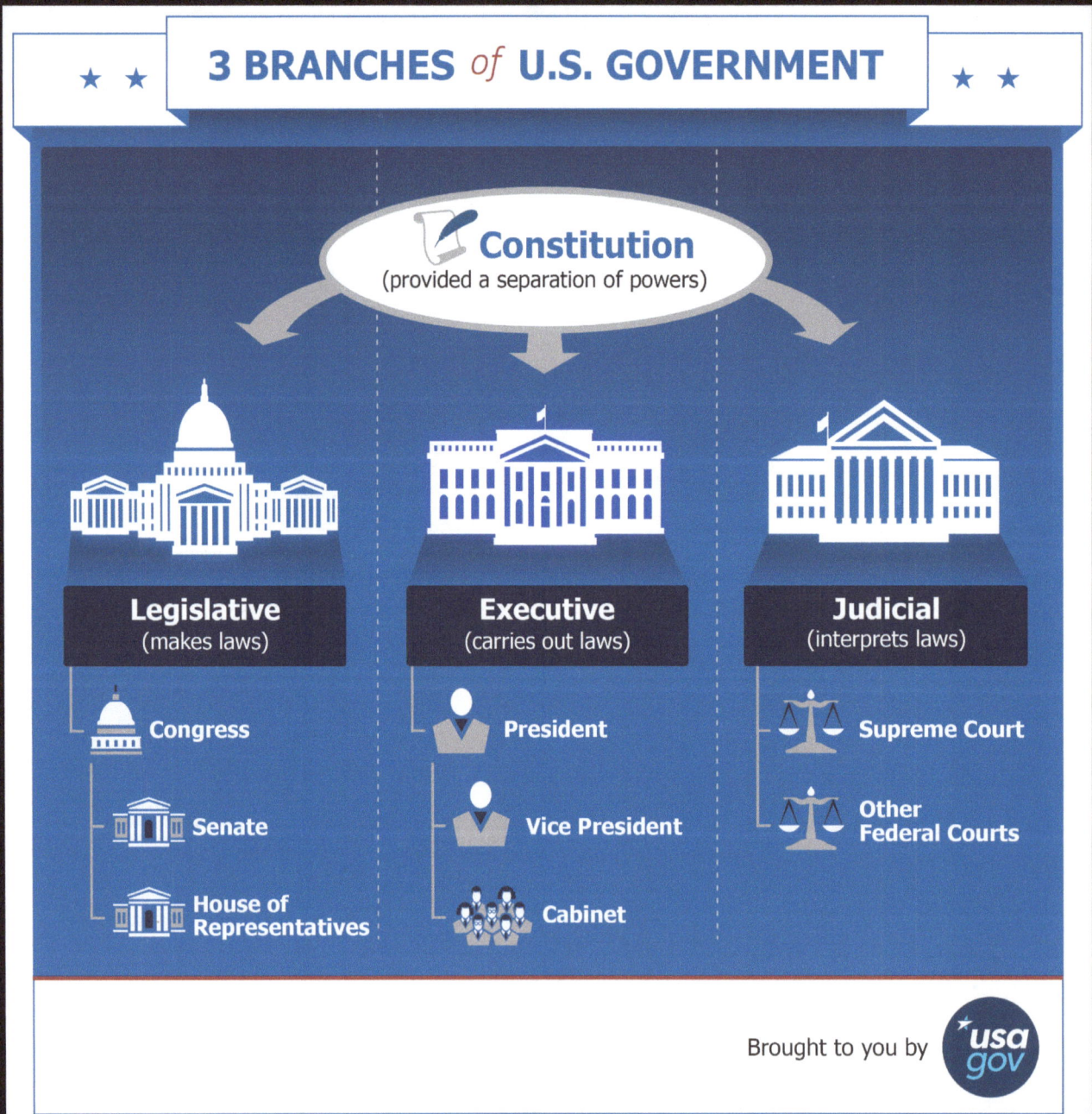

★ ★

3 BRANCHES *of* U.S. GOVERNMENT

★ ★   ★ ★

Constitution
(provided a separation of powers)

Legislative
(makes laws)

Executive
(carries out laws)

Judicial
(interprets laws)

- Congress
- Senate
- House of Representatives

- President
- Vice President
- Cabinet

- Supreme Court
- Other Federal Courts

Brought to you by **usa gov**

> *" Se o seu inimigo está seguro em todos os pontos, esteja preparado para ele. Se ele tem força superior, fuja dele. Se seu oponente for temperamental, procure irritá-lo. Finja ser fraco, que ele pode se tornar arrogante. Se ele está relaxando, não lhe dê descanso. Se suas forças estão unidas, separe-as. Ataque-o onde ele não está preparado, apareça onde não seja esperado."*
>
> **A Arte da Guerra de Sun Tzu (476–221 AC)**

A China é a única civilização antiga resiliente a cair quatro vezes e a se recuperar a cada vez. Desde o declínio imperial da Primeira Guerra do Ópio (1839 a 1842) e a humilhação que veio com ela, todo líder chinês tem procurado recapturar as glórias perdidas em casa e no exterior. A visão do Partido Comunista Chinês (PCC) não é segredo: Xi Jinping está determinado a tornar o Reino do Meio grande novamente. O PCC está utilizando estratégias e políticas "geotecnológicas". A China lidera o caminho para a primazia global por meio da Nova Rota da Seda de vários trilhões de dólares (*Belt and Road Initiative* (BRI)) e da Rota da Seda Digital (DSR), com a intenção de colonizar a Ásia, o Oriente Médio, a África e a Europa. Organizando uma infraestrutura comercial abrangente para produtos chineses, o BRI oferece a mudança estratégica de longo prazo da China em torno de tecnologias avançadas e interesses militares. Esses elementos incluem telecomunicações 5G, robótica, inteligência artificial (IA) e engenharia marítima para interesses de defesa.

Em vez de táticas de Engenharia Financeira extrema, precisamos nos concentrar em estratégias de Engenharia de Valor de longo prazo. A Engenharia de Valor deve ser a aspiração para uma "cidade brilhante sobre uma colina". A riqueza financeira é apenas um subproduto. Minha geração falhou com a juventude. Eles estão mal preparados para a era digital e carentes de qualificações em CTEM (Ciência, tecnologia, Engenharia e Matemática). Precisamos abandonar a síndrome de avestruz, de enterrar nossas cabeças na areia, e reconhecer a dinâmica de mudança da ordem mundial global. Do contrário, os dragões digitais como Huawei, Alibaba, Tencent e Baidu moldarão o mundo. A China garantirá que esses dragões deixem suas pegadas em países economicamente colonizados pelo Reino do Meio.

No ambiente populista de hoje, será um desafio para os EUA encontrar líderes como os Roosevelts que possam reverter seu declínio. Espero que seja menos traumático, por isso aceitemos as realidades com a mesma elegância que os britânicos fizeram quando nos passaram o bastão, em vez de cair na obscuridade.

"Steve Hilton: Muitas pessoas dizem que a China quer substituir os EUA como superpotência...,
Você acredita que essa é a intenção deles?"
Trump: "Sim, eu acredito. Por que não haveria de ser?
Eles são pessoas muito ambiciosas. Eles são muito inteligentes.
São ótimas pessoas. É uma grande cultura."

——— Entrevista da Fox News (19/05/19) ———

EPÍLOGO
DÍVIDA EXTERNA MUNDIAL COM A CHINA (2017, EMPRÉSTIMOS DIRETOS)

[...] logo, [...] rmos nosso trajeto em breve, a China enviará [...] dos [...] dos cerca de 100 países que colonizou econom [...]
me [...]

[...] sob a [...] fusão de Defesa [...] r [...] ariam [...] adas pela [...] elas em [...] dí [...] mundo [...] os

[...] mia dos E [...] que em 1960 era cerca de 40% [...] iu [...] de 15% em PPC (p [...] poder de compra), enquanto a China qu [...] cipação para mais de 20% Graças ao nosso status de reserva, 79,5% [...] tod [...] o [...] me [...] a [...] é realizado em dólares americanos. Mas com nossa extrema engen [...] mos nossa boa vontade. Se não agirmos juntos, e depressa, nosso di [...] empresa [...] em perigo.

> "O auge da excelência é vencer sem lutar, não dizimar todos os adversários que encontre. Como a destruição claramente não é o seu objetivo e a vitória é, deixar as coisas intactas maximiza seus ganhos e ajuda-o a consertar as cercas com seu adversário."
>
> A Arte da Guerra de Sun Tzu (476–221 AC)

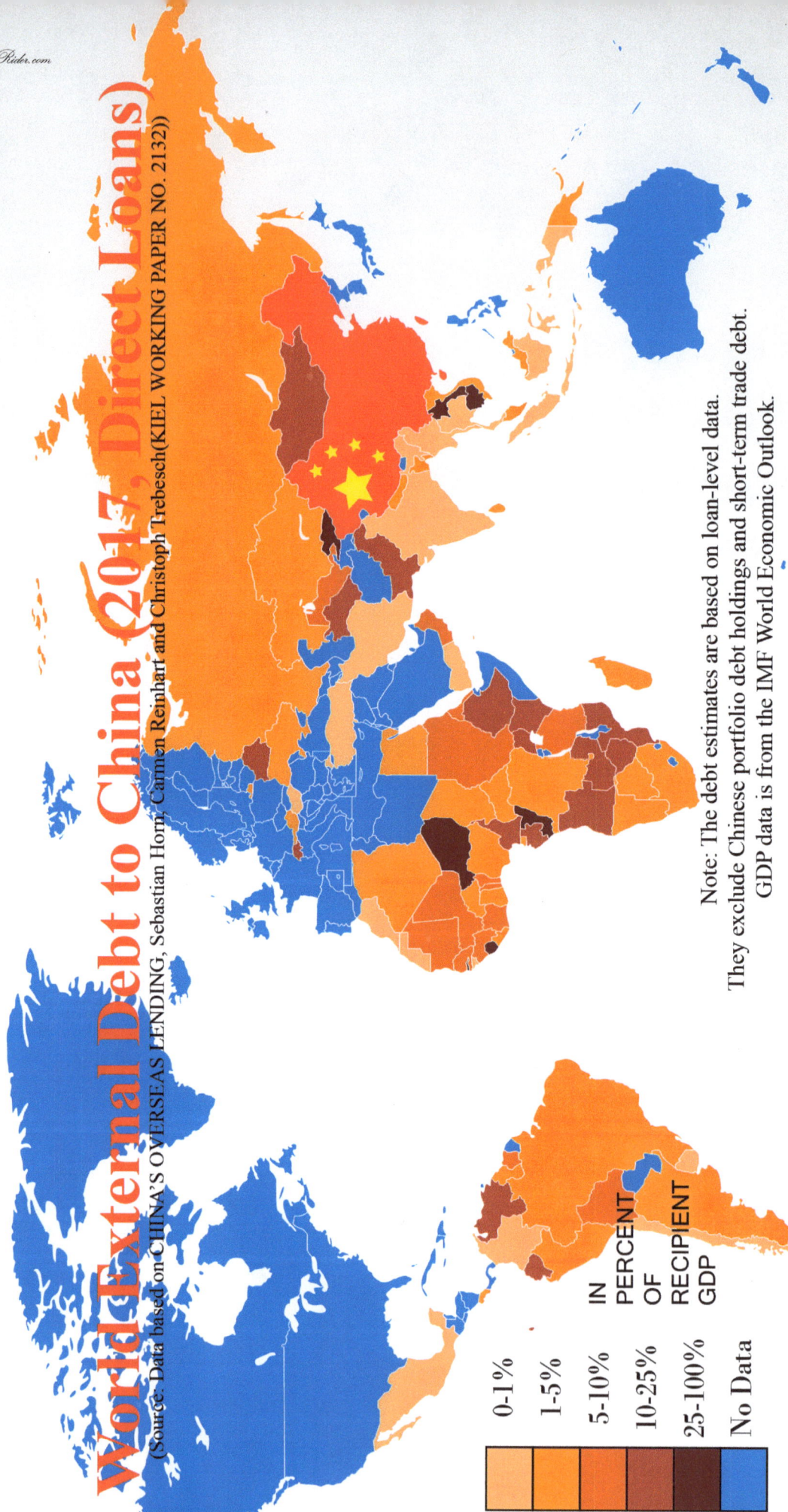

World External Debt to China (2017, Direct Loans)

(Source: Data based on CHINA'S OVERSEAS LENDING, Sebastian Horn, Carmen Reinhart and Christoph Trebesch(KIEL WORKING PAPER NO. 2132))

Note: The debt estimates are based on loan-level data.
They exclude Chinese portfolio debt holdings and short-term trade debt.
GDP data is from the IMF World Economic Outlook.

IN
PERCENT
OF
RECIPIENT
GDP

0-1%
1-5%
5-10%
10-25%
25-100%
No Data

www.Tiger-Rider.com

Agora não é o momento de construir um muro ao redor de nossa torre de marfim e correr o risco de ser aprisionado no inferno da execução hipotecária. Nenhuma pessoa autocrática pode enfrentar os desafios multidimensionais e a espiral descendente exponencial resultante dos cisnes negros no "Novo Normal". Em vez de unilateralismo, chegou a hora de refinar nossas habilidades de persuasão, alcançar o resto dos 96% da humanidade e redesenhar nossa Arca Corporativa de Noé, como fizeram os Roosevelts quando nos conduziram pelo caminho para nos tornarmos uma superpotência, há um século atrás.

Se falharmos nisso, alguns populistas de extrema esquerda recorrerão ao comunismo (a redistribuição mais ou menos igualitária da riqueza), e a maioria da direita se tornará uma milícia fascista (capitalismo autocrático controlado pelo Estado). A sobrevivência das empresas americanas se confunde com a ascensão e queda de seu patrocinador, o império americano. Testemunhamos isso nos últimos quatro séculos, com as maiores empresas, como as holandesas (~ US\$ 10 Trilhões) e britânicas (~ US\$ 5 Trilhões) das Índias Orientais. Infelizmente, muitos dinossauros empresariais que praticam a engenharia financeira extrema serão vítimas dos abutres da propriedade intelectual (principalmente da China).

Precisamos aprender com os Roosevelts, que arquitetaram nossa grande fundação capitalista que durou três quartos de século. Lideramos a coalizão para estabelecer novos "Planos Marshall" para salvar os países que a China colonizou econômica e digitalmente antes que seja tarde demais.

A arquitetura fundamental deve ter como base:

1. Liderança
2. Educação em Ciências, Tecnologia, Engenharia e Matemática (CTEM)
3. Pesquisa e Tecnologia Estratégica
4. Arquitetura de infraestrutura
5. Arquitetura Digital
6. Gestão do Conhecimento
7. Diplomacia
8. Padrão Ouro da Moeda Mundial
9. Electro-dólar
10. Capital Financeiro
11. Segurança
12. Grandes Estratégias e Regulamentos Transformativos Digitais

Eu sou um daqueles do contra que previu o tsunami econômico de 2008, o que foi relativamente fácil, dado que foi principalmente centrado nos Estados Unidos. Desta vez, a situação é muito mais voraz e multidimensional com a COVID-19 e a agitação civil agindo como mudanças tectônicas geracionais globais da geração de cisnes negros. Espero estar errado em minha análise desta vez. Estou passando esta pesquisa e análise para que vocês desafiem minha perspectiva única e façam um teste de resistência.

Até agora, os Estados Unidos deram presentes incríveis ao Reino do Meio por meio de nossa extrema engenharia financeira e sufocando a galinha dos ovos de ouro (traindo suas empresas lucrativas por alguns bônus egoístas em dólares). Se não planejamos a **Nova Arca Empresarial de Noé da Era Digital do Século XXII**, prevejo um futuro que imita o Quarto Reich[72], servindo de escravos para *The Man in The High Castle (O Homem no Castelo do Alto)*[73], uma reminiscência do Documentário *American Factory* da Netflix[74].

Sim! Estamos no intervalo do meio tempo, América![75]

Legend:

- Ports with Chinese engagement (existing)
- Ports with Chinese engagement (planned/under construction)
- Railroad lines (existing)
- Railroad lines (planned/under construction)
- Land corridors
- Maritime corridors
- Chinese infrastructure investments

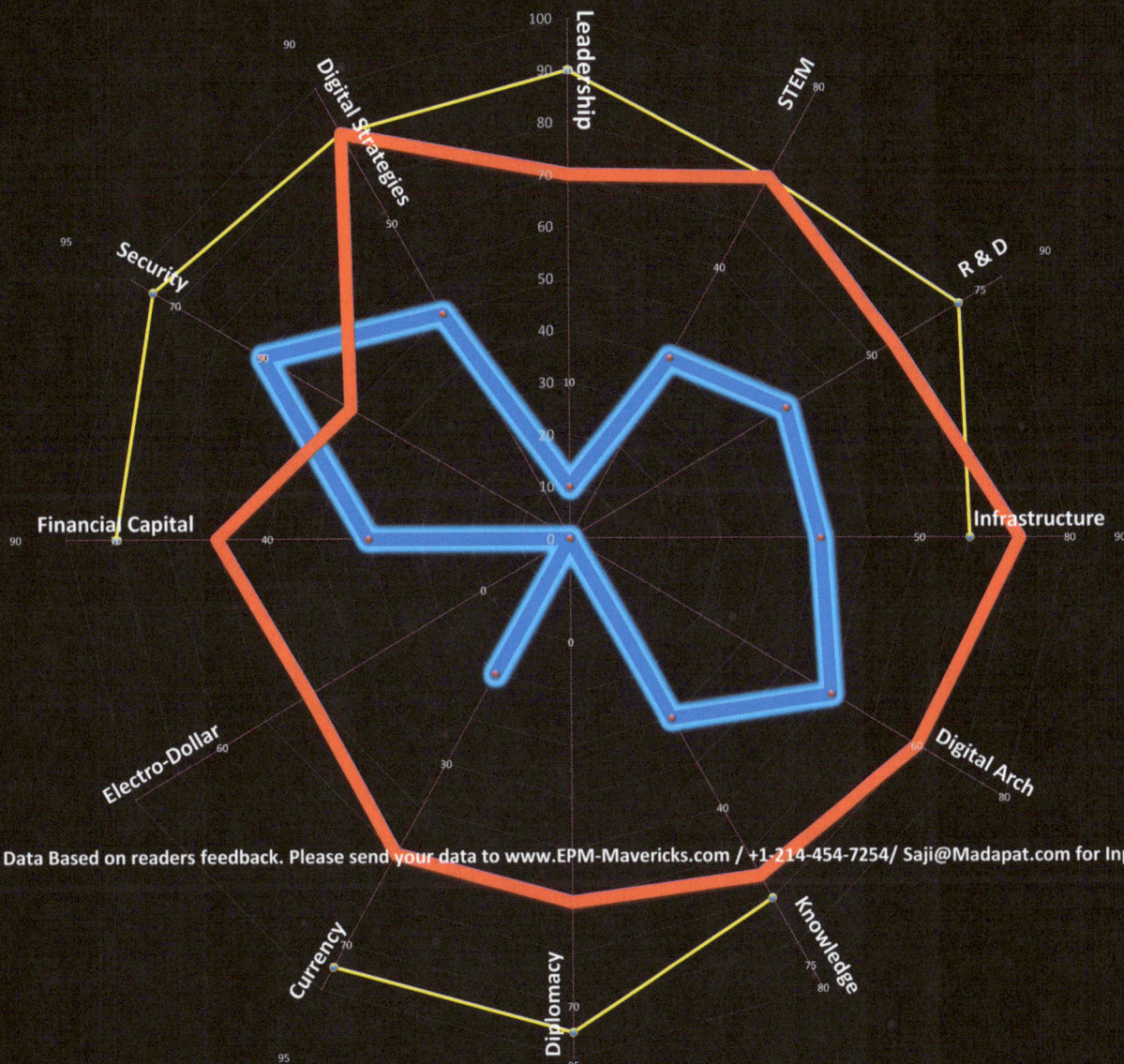

The Gods Must be Crazy!
US vs China Competitiveness Dashboard
(Representative Example scores)

Roosevelt's USA   Current USA   CHINA

Data Based on readers feedback. Please send your data to www.EPM-Mavericks.com / +1-214-454-7254/ Saji@Madapat.com for Input

SIM! ESTAMOS NO INTERVALO DO MEIO TEMPO, AMÉRICA!

Ai Ai Ai! Estamos no Meio da Nova Ordem Mundial!

SOBRE O AUTOR
UMA BREVE HISTÓRIA DE MINHAS REENCARNAÇÕES NÔMADES

★★

> *"Lutar e vencer em todas as nossas batalhas não é excelência suprema; a excelência suprema consiste em quebrar a resistência do inimigo sem lutar".*
>
> A Arte da Guerra de Sun Tzu (476-221 AC)

Eu nasci e cresci no próprio país de Deus, Kerala, um paraíso tropical na Índia. Em Kerala, somos seguidores de São Tomás, o Apóstolo, educado por missionários cristãos trazidos por colonizadores de Portugal, França e Grã-Bretanha. A taxa de 100% de alfabetização e os altos padrões educacionais em Kerala, levaram a muitos movimentos progressistas, incluindo o comunismo. Kerala tem muitos registros exclusivos, como uma taxa de recuperação modelo do COVID-19, que é mais alta do que na maioria dos países ocidentais. Kerala é também o primeiro lugar na história mundial em que os comunistas foram democraticamente eleitos para o poder e governam desde 1957. O deserto industrial resultante, causado pelo comunismo me forçou a fazer as malas após obter meu diploma de Engenharia Industrial (com especialização em Gestão de Qualidade Total) e procurar um emprego em Bombaim (a capital comercial da Índia, agora chamada de Mumbai).

Logo percebi que minhas perspectivas além do chão de fábrica eram limitadas por minha pele escura (como um Kala Madrasi vestindo lungi). Temendo pelo meu futuro, fugi para o Sul para escapar da escalada profissional racista. Obtive meu MBA em finanças como candidato à integração nacional. Providencialmente para mim, em 1990, toda a economia indiana entrou em colapso sob o peso da poderosa Licença Indiana Raj de meio século. O resultado foi uma economia indiana liberalizada. O momento foi impecável, pois me proporcionou a oportunidade de iniciar minha carreira como Analista de Banco de Investimentos. A fortuna sorriu para mim novamente quando a quebra do mercado de ações da Índia em 1996, me permitiu sair da minha carreira em banco de investimento.

A Índia tomou a rota socialista e, durante o conflito dos anos 70 com o Paquistão, declarou estado de emergência. Devido à guerra do Paquistão e outros desalinhamentos, as relações entre os EUA e a Índia foram prejudicadas e a IBM abandonou a Índia. Graças ao vácuo (a ser preenchido), TCS e outros conglomerados de TI indianos nasceram do desespero. Eles nos qualificaram em TI para dar o pontapé inicial nos computadores e legados de mainframes deixados pela IBM. Graças ao maior erro na história dos negócios (Y2K), a IBM e outras empresas ocidentais nos viram ('Cyber Coolies') como a solução econômica para consertar o código do *Armagedom* do fim do mundo.

Durante este tempo, consegui transitar das finanças corporativas para soluções de PRE (Planejamento de Recursos Empresariais) e peguei meu passaporte para o epítome do capitalismo, os EUA. No entanto, em 2000, os Irmãos BaaN (com sede na Holanda) se envolveram no escândalo holandês, e o sistema ERP (BaaN) nº 3 que eu estava organizando caiu por terra.

Desde então, passei mais de uma década como voluntário para o PMI - Purchasing Managers' Índex (Índice de Gestores de Compras). Gravei o meu nome nos principais padrões do PMI (incluindo PMBOK, OPM3, PP&PM, etc.), graças aos meus textos, publicações e livros sobre o PMI (especialmente o Padrão de Gerenciamento de Portfólio de Projeto). Eu até trabalhei no painel da sala de diretoria do PPM da *Gartner*. Mais tarde me tornei uma das três PM da Metodologia PM na E&Y. Em 2008, em meio ao tsunami econômico, servi como assessor do escritório do CFO, criando o Escritório de Gerenciamento de Portfólio de Projetos para uma empresa listada pela Fortune entre as 10 mais admirada do mundo. Economizei para eles cerca de meio bilhão de dólares, mas me tornei vítima de minha engenharia financeira de curto prazo. Consegui capitalizar o legado dos anos 90 da *Hyperion Enterprise* e passei para o mundo sofisticado de um conjunto de produtos CFO para uma Engenharia Financeira mais proeminente no mundo da consultoria da BIG4.

Em 2009, fiz minhas malas para as selvas cambojanas em busca de respostas da base da pirâmide por meio do Chinese GIFT (Global Institute for Tomorrow)[76] – um Programa de Liderança Executiva Jovem Global (YLP) de Clinton. Quanto mais eu examinava o mundo das finanças no Ocidente, mais desiludido ficava. Perdi a fé nas montanhas-russas dos mercados *flash*. 90% do mercado de ações de hoje, sem valores fundamentais de longo prazo, persegue recompras de ações, os Tweets, QE[77], os *hot* dólares e apostas de *flash* algorítmicas de alta frequência por BOTs. Graças a Hernando de Soto, nasci de novo para o Evangelho do Mistério do Capital. Desde 11 de setembro, ganhei alguns dólares apostando contra a sabedoria convencional do mercado ocidental, apostando na Petro China[78] e na Total [79].

Depois de retornar da selva dos campos de extermínio do Camboja[80], reencarnei minha carreira mais uma vez, tornando-me um consultor EPM - *Enterprise Performance Management* (Gestão de Desempenho Empresarial) – por ocasião do Tsunami Econômico de 2008 no mundo *BIG4*. Ganhei 95% do meu patrimônio líquido entre 2008 e 2011, apostando contra a sabedoria convencional. Quando o mundo inteiro desalavancou, eu aproveitei ao máximo, investindo em alguns dos imóveis mais icônicos do mundo, que estavam em liquidação. Eu tenho uma boa parcela de sangue em minhas mãos com a estúpida Engenharia Financeira de EPM por meio de jargão sofisticado (também conhecido como Corte de Custos), como Gerenciamento Efetivo de Cadeia de Suprimentos Tributário (TESCM), Negócios/Finanças/Transformação de TI, BPR, Six Sigm, Preços e Rentabilidade estratégia.

Para aliviar minha culpa, tive a fantástica honra de ser voluntário para o mais extenso Profissional Sem Fins Lucrativos por mais de uma década (PMI [Project Management Institute]), atendendo a cerca de 3 milhões de profissionais, incluindo mais de 500.000 membros em 208 países ao redor do mundo. Eu contribuí com cerca de meia dúzia de livros e cerca de 50 publicações/apresentações. Participei de vários prêmios de Empreendedor do Ano (EOY) na Ernst & Young.

Infelizmente, após mais de duas décadas, parece que preciso cavalgar de volta por aquele caminho de redenção da fúria *Mad Max* e escalar os escombros do apocalipse da era nostálgica capitalista de Roosevelt.

PEDIDO HUMILDE PARA REVISAR MEU LIVRO

★ ★

Acredito que você tenha gostado de ler este livro. Gostaria de o ouvir e humildemente solicitar que reserve alguns minutos para postar uma avaliação na Amazon. Seus comentários e apoio irão melhorar significativamente minha habilidade de escrever futuros livros e tornar este livro ainda mais louvável. Este é um manuscrito vivo e irá evoluir continuamente com base em sua sabedoria construtiva (detalhes de contato direto em www.Epm-Mavericks.com). Agradeço antecipadamente!

Siglas

- ★ Propriedade intelectual (IP)
- ★ Belt and Road Initiative (BRI)
- ★ Digital Silk Road (DSR)
- ★ Internet das coisas (IoT)
- ★ O Reino do Meio (China)
- ★ One Belt, One Road (OBOR)
- ★ Banco Asiático de Investimento em Infraestrutura (AIIB)
- ★ Paridade do poder de compra (PPP)
- ★ Produto interno bruto (PIB)
- ★ Black Lives Matter (BLM)
- ★ Motins de George Floyd (FLOYD)
- ★ Comitê de Ação Política (PAC)
- ★ Pântano (Washington DC)
- ★ Fusões e Aquisições (M&A)
- ★ Facebook, Amazon, Apple, Netflix e Google (FAANG)
- ★ Instituto Global para o Amanhã (GIFT - https://global-inst.com/learn/)
- ★ Ciência, Tecnologia, Engenharia e Matemática (CTEM)
- ★ Gestão da Cadeia de Abastecimento com Efetividade Fiscal (TESCM)
- ★ Automação Robótica na Nuvem (BOTs)
- ★ Terceirização de processos de negócios (BPO)
- ★ Partido Comunista Chinês (PCC)
- ★ Franklin D. Roosevelt (FDR)
- ★ Theodore Roosevelt (TR)
- ★ Organização para Cooperação e Desenvolvimento Econômico (OCDE)
- ★ Inteligência Artificial (IA)
- ★ The Trans-Pacific Partnership (TPP)
- ★ Sociedade Mundial de Telecomunicações Financeiras Interbancárias (SWIFT)
- ★ Veículo para fins especiais (SPV)
- ★ Blockchain Service Network (BSN)
- ★ Novo Banco de Desenvolvimento (NDB)
- ★ Sistema de pagamento interbancário transfronteiriço (CIPS)

Imagens de Arte Usadas neste Livro

Theyyam, a 'Dança dos Deuses: O estado abençoado de Kerala possui uma riqueza maior de tradições culturais do que qualquer outra parte do mundo. Theyyam é a 'Dança dos Deuses'. A dança extravagante incorpora elementos e rituais dos tempos pré-históricos. Existem cerca de 456 tipos de Theyyam (theyyakkolams) que são realizados na região norte do Malabar da Índia, que é minha região natal.

https://www.tiger-rider.com/Client-Galleries/Rhodes/
https://en.wikipedia.org/wiki/Theyyam

Thrissur Puram
The Festival of Festival's in God's own Country

Thrissur Puram, o Festival dos Festivais: Thrissur (capital cultural da Índia) é minha cidade natal na Índia - é onde eu passei 4 Puram enquanto fazia meu curso de Engenharia. Sempre sonhei em assistir Puram de perto - mas isso costumava ser um sonho impossível entre os milhares de participantes todos os anos. Finalmente, uma vez na vida, eu recebi acesso ao *Devine* no *Rostrum* em *Divine Durbar* (passe de convidado emitido pelo colecionador Trichur), acesso livreo (passe de mídia) a tudo por *Thiruvambadi* e *Parammekkavu Devaswom*.

https://www.tiger-rider.com/Client-Galleries/Puram/
http://en.wikipedia.org/wiki/Thrissur_Pooram

Kathakali, a Arte de Contar Histórias: Kathakali (Malayalam: കഥകളി) é a principal forma de dança clássica indiana. É um gênero da arte de "encenação de história", mas que se distingue pela maquiagem elaboradamente colorida, pelos trajes e pelas máscaras faciais que os atores-dançarinos tradicionalmente usam. Kathakali é uma arte performática hindu na região de língua malaiala do sudoeste da Índia (Kerala).

https://www.tiger-rider.com/Client-Galleries/KathakaliICCT/
https://en.wikipedia.org/wiki/Kathakali

(Fonte da imagem da capa original: Retrato de FDR e Presidente Donald J. Trump discursa durante um evento comemorativo nacional do Dia D na quarta-feira, 5 de junho de 2019, no Southsea Common em Portsmouth, Inglaterra. (Foto oficial da Casa Branca por Shealah Craighead))

(Fonte da imagem da contracapa: Presidente Donald J. Trump mostra uma cópia do The Washington Post durante o Café da Manhã de Oração Nacional 2020, quinta-feira, 6 de fevereiro de 2020, no Washington Hilton em Washington, DC (Foto Oficial da Casa Branca por Joyce N. Boghosian))

NOTAS FINAIS

1 Chiraq é um apelido de Chicago, Illinois. Combina as palavras Chicago com Iraque e é usado para se referir às certas áreas violentas em Chicago, comparando-as a uma zona de guerra. https://www.dictionary.com/e/slang/chiraq/#:~:text=Chiraq%20is%20a%20nickname%20for,likening%20them%20to%20a%20warzone

2 Em ciência política, o termo república das bananas descreve um país politicamente instável com uma economia dependente da exportação de um produto com recursos limitados, como bananas ou minerais. https://www.theatlantic.com/politics/archive/2013/01/is-the-us-on-the-verge-of-becoming-a-banana-republic/267048/

3 Boarding up é o processo de instalação de tábuas nas janelas e portas de uma propriedade para proteger de danos causados por tempestades, para proteger propriedades não utilizadas, desocupadas ou abandonadas e/ou para impedir o acesso não autorizado de invasores, saqueadores ou vândalos. https://www.wbez.org/stories/protest-art-has-covered-boarded-up-businesses-will-it-be-preserved/e3db8017-a6ba-4dde-9bc3-3d17f6ee5392

4 https://www.britannica.com/place/Third-Reich

5 A Dutch East India Company, denominada United East India Company, Dutch Vereenigde Oost-Indische Compagnie, é uma empresa comercial fundada na República Holandesa (atual Holanda) em 1602 para proteger o comércio desse estado no Oceano Índico e para ajudar na guerra de independência holandesa da Espanha. https://www.pbs.org/wgbh/roadshow/stories/articles/2013/1/7/dutch-east-india-company-worlds-first-multinational/

6 A East India Company era uma empresa inglesa formada para a exploração do comércio com o Leste e Sudeste Asiático e a Índia. Incorporado por carta real em 31 de dezembro de 1600, foi iniciada como um organismo comercial monopolista para que a Inglaterra pudesse participar do comércio de especiarias das Índias Orientais. https://www.bbc.co.uk/programmes/n3csxl34

7 O New Deal foi uma série de programas, projetos de obras públicas, reformas financeiras e regulamentos promulgados pelo presidente Franklin D. Roosevelt nos Estados Unidos entre 1933 e 1939. Ele atendeu às necessidades de alívio, reforma e recuperação da Grande Depressão. https://www.fdrlibrary.org/great-depression-new-deal

8 https://www.npr.org/sections/codeswitch/2013/08/26/215761377/a-history-of-snake-oil-salesmen

9 A crise financeira global de 2008 está entre os exemplos recentes mais prevalecentes de um tsunami econômico. O mercado de hipotecas subprime nos EUA agiu como um gatilho neste caso, com grandes bancos de investimento (IBs) calculando mal o montante de risco em certos instrumentos de dívida com garantias. https://www.investopedia.com/terms/e/economictsunami.asp#:~:text=The%202008%20global%20financial%20crisis,in%20certain%20collateralized%20debt%20instruments.

10 A diplomacia de armadilha de dívidas descreve a diplomacia baseada na dívida realizada nas relações bilaterais entre países com uma frequentemente alegada intenção negativa. Embora o termo tenha sido aplicado às práticas de empréstimo de muitos países e do Fundo Monetário Internacional, atualmente é mais comumente associado à República Popular da China. https://foreignpolicy.com/2020/03/23/china-coronavirus-belt-and-road-bri-boost-debt-diplomacy/

11 A Belt and Road Initiative, anteriormente conhecida como One Belt One Road ou OBOR, é uma estratégia de desenvolvimento de infraestrutura global adotada pelo governo chinês em 2013 para investir em vários países e organizações internacionais. https://www.oecd.org/finance/Chinas-Belt-and-Road-Initiative-in-the-global-trade-investment-and-finance-landscape.pdf

12 O Plano Marshall (oficialmente o Programa de Recuperação Europeu, ERP) foi uma iniciativa americana aprovada em 1948 de ajuda externa à Europa Ocidental. https://history.state.gov/milestones/1945-1952/marshall-plan

13 A "Digital Silk Road" (DSR) foi apresentada em 2015 por um documento de política oficial do governo chinês, como um componente da Belt and Road Initiative (BRI) de Pequim. Por anos, tem sido menos um conjunto de projetos identificáveis do que uma marca para virtualmente qualquer tipo de telecomunicações ou operações de negócios relacionadas a dados, ou vendas de produtos por empresas chinesas de tecnologia para países na África, Ásia, Europa, América Latina ou o Caribe - lar de mais de 100 "países BRI." https://carnegieendowment.org/2020/05/08/will-china-control-global-internet-via-its-digital-silk-road-pub-81857

14   O Plano dos Mil Talentos (TTP) (chinês: 千人计划; pinyin: Qiān rén jihuà) ou Programa dos Mil Talentos (chinês: 海外高层次人才引进计划; pinyin: Hǎiwài gāo céngcì réncái yǐnjin jihuà) foi estabelecido em 2008 pelo governo central da China para reconhecer e recrutar os principais especialistas internacionais em pesquisa científica, inovação e empreendedorismo. https://www.hsgac.senate.gov/imo/media/doc/2019-11-18%20PSI%20Staff%20Report%20-%20China's%20Talent%20Recruitment%20Plans.pdf

15   Um expatriado (geralmente abreviado como expat) é uma pessoa que reside em um país diferente de seu país de origem. https://www.merriam-webster.com/dictionary/expatriate

16   https://itif.org/publications/2020/06/22/new-report-shows-unfair-chinese-government-support-huawei-and-zte-has-harmed

17   Na cultura russa, kompromat, abreviação de "material comprometedor", são informações prejudiciais sobre um político, um empresário ou outras figuras públicas, usadas para criar publicidade negativa, bem como para chantagem e extorsão. https://www.newyorker.com/news/swamp-chronicles/a-theory-of-trump-kompromat

18   Tendo estabelecido cabeças de ponte na Ásia, Europa e África, as empresas de IA da China estão agora entrando na América Latina, uma região que o governo chinês descreve como um "interesse econômico central". A Venezuela lançou recentemente um novo sistema nacional de carteira de identidade que registra as afiliações políticas dos cidadãos em um banco de dados construído pela ZTE. Em uma ironia cruel, durante anos as empresas chinesas venderam muitos desses produtos de vigilância em uma exposição de segurança em Xinjiang, a província natal dos uigures. https://www.theatlantic.com/magazine/archive/2020/09/china-ai-surveillance/614197/

19   https://www.theatlantic.com/magazine/archive/2020/09/china-ai-surveillance/614197/

20   https://www.brookings.edu/opinions/the-aiib-and-the-one-belt-one-road/

21   https://en.wikipedia.org/wiki/List_of_countries_by_GDP_(PPP)

22   https://www.heritage.org/defense/commentary/chinas-defense-spending-larger-it-looks

23   https://youtu.be/2J9y6s_ukBQ

24   https://www.nytimes.com/2018/01/18/us/politics/trump-border-wall-immigration.html

25   https://fee.org/articles/the-medical-cartel-is-keeping-health-care-costs-high/#:~:text=Though%20few%20Americans%20realize%20it%2C%20health%20care%20is%20a%20monopoly.,-Cartels%20Protecting%20Doctors&text=Cartels%20Protecting%20Doctors-,Both%20directly%20or%20indirectly%2C%20the%20AMA%20also%20controls%20the%20prices,payment%20policies%20of%20insurance%20companies.

26   https://www.oecd-ilibrary.org/education/education-at-a-glance-2018_eag-2018-en

27   https://educationdata.org/international-student-enrollment-statistics/

28   https://www.oecd.org/pisa/pisa-2015-results-in-focus.pdf

29   https://www.sentencingproject.org/wp-content/uploads/2015/11/Americans-with-Criminal-Records-Poverty-and-Opportunity-Profile.pdf

30   https://www.brennancenter.org/our-work/research-reports/citizens-united-explained

31   https://www.marketwatch.com/story/airlines-and-boeing-want-a-bailout-but-look-how-much-theyve-spent-on-stock-buybacks-2020-03-18

32   https://www.marketwatch.com/story/airlines-and-boeing-want-a-bailout-but-look-how-much-theyve-spent-on-stock-buybacks-2020-03-18

33   https://www.imf.org/external/pubs/ft/fandd/2019/09/tackling-global-tax-havens-shaxon.htm

34   A versão indiana do feudalismo. Um zamindar, no subcontinente indiano, era um governante autônomo ou semiautônomo de um estado que aceitava a suserania do imperador do Hindustão. O termo significa proprietário de terras em persa. Normalmente, os zamindars hereditários detinham enormes extensões de terra e controle sobre seus camponeses, dos quais se reservavam o direito de coletar impostos em nome das cortes imperiais ou para fins militares. https://www.britannica.com/topic/zamindar

35   Gordon Gekko é um personagem fictício que aparece como o vilão no popular filme de Oliver Stone de 1987 "Wall Street". https://review.chicagobooth.edu/behavioral-science/2017/article/moral-ambivalence-gordon-gekko

36   Um thriller de ficção científica sombria que é relevante para a sociedade atual e para a desigualdade social e econômica existente. https://www.sonypictures.com/movies/elysium

55 https://youtu.be/8iXdsvgpwc8

56 " Talaq triplo ", como é conhecido, permite ao marido se divorciar de sua esposa repetindo a palavra" talaq "(divórcio) três vezes de qualquer forma, incluindo e-mail https://en.wikipedia.org/wiki/Divorce_in_Islam

57 https://en.wikipedia.org/wiki/List_of_countries_by_GDP_(PPP)

58 https://www.whitehouse.gov/presidential-actions/memorandum-order-defense-production-act-regarding-3m-company/

59 https://www.theatlantic.com/education/archive/2018/09/why-is-college-so-expensive-in-america/569884/

60 https://www.theregister.com/2021/08/20/china_5g_progress/

61 https://www.mckinsey.com/business-functions/organization/our-insights/getting-practical-about-the-future-of-work

62 https://www.swift.com/sites/default/files/documents/swift_bi_currency_evolution_infopaper_57128.pdf

63 https://data.worldbank.org/indicator/CM.MKT.LDOM.NO?end=2018&locations=US&start=1996

64 https://watson.brown.edu/costsofwar/papers/2021/ProfitsOfWar

65 Saudi Sovereign-Wealth Fund Buys Stakes in Facebook, Boeing, Cisco Systems - WSJ

66 https://www.whitehouse.gov/briefing-room/presidential-actions/2021/09/03/executive-order-on-declassification-review-of-certain-documents-concerning-the-terrorist-attacks-of-september-11-2001/

67 https://en.wikipedia.org/wiki/Charlie_Wilson%27s_War_(film), https://www.pbs.org/wgbh/frontline/film/bitter-rivals-iran-and-saudi-arabia/, https://en.wikipedia.org/wiki/Syriana, https://www.pbs.org/frontlineworld/stories/r4.html https://www.pbs.org/independentlens/films/shadow-world/

68 https://www.wsj.com/articles/saudi-sovereign-wealth-fund-buys-stakes-in-facebook-boeing-cisco-systems-11589633300

69 https://en.wikipedia.org/wiki/Lobbying_in_the_United_States
    https://www.american.edu/spa/ccps/upload/thurber-testimony.pdf

70 https://www.brennancenter.org/our-work/analysis-opinion/how-campaign-spending-judicial-elections-subverts-justice

71 https://en.wikipedia.org/wiki/Snake_oil

72 https://www.britannica.com/place/Third-Reich

73 https://www.rottentomatoes.com/tv/the_man_in_the_high_castle/s01

74 https://www.rottentomatoes.com/m/american_factory

75 https://youtu.be/8iXdsvgpwc8

76 https://global-inst.com/

77 https://www.investopedia.com/terms/q/quantitative-easing.asp

78 http://www.petrochina.com.cn/ptr/index.shtml

79 https://www.total.com/

80 https://www.history.com/topics/cold-war/the-khmer-rouge

AGRADECIMENTOS

Quero expressar minha gratidão a todos que me fizeram críticas construtivas e me ajudaram a falhar após três décadas de realidades distorcidas. Agradecimentos especiais a todos aqueles que me deram diferentes perspectivas, incluindo Fox News, PBS, Real Vision, FT, HBR, Bloomberg, Ray Dalio, Hernando de Soto, Chamath Palihapitiya, Charlie Rose, GIFT (www.global-inst.com)...